中宣部2024年主题出版重点出版物

"两弹一星"元勋
故事丛书

屠守锷：
潜心为国铸长剑

TUSHOUE QIANXIN WEIGUO ZHUCHANGJIAN

纪红建 著

青海人民出版社

图书在版编目（ＣＩＰ）数据

屠守锷：潜心为国铸长剑 / 纪红建著. -- 西宁：青海人民出版社, 2025.1. --（"两弹一星"元勋故事丛书）. -- ISBN 978-7-225-06815-2

Ⅰ. I25

中国国家版本馆 CIP 数据核字第 2024NR2141 号

"两弹一星"元勋故事丛书

屠守锷：潜心为国铸长剑

纪红建　著

出 版 人	樊原成
出版发行	青海人民出版社有限责任公司
	西宁市五四西路 71 号　邮政编码：810023　电话：(0971) 6143426 (总编室)
发行热线	(0971) 6143516 / 6137730
网　　址	http://www.qhrmcbs.com
印　　刷	陕西龙山海天艺术印务有限公司
经　　销	新华书店
开　　本	890 mm × 1240 mm　1/32
印　　张	7.75
字　　数	150 千
版　　次	2025 年 1 月第 1 版　2025 年 1 月第 1 次印刷
书　　号	ISBN 978-7-225-06815-2
定　　价	35.00 元

版权所有　侵权必究

引 言

向远方进发

"一分钟准备！"

……

"六、五、四、三、二、一，点火！"

1980年5月18日10时整，随着一声"点火"指令发出，在大西北酒泉卫星发射中心，一团橙色烟雾腾地而起，一声轰鸣震动天地，数百吨重的巨型火箭拔地而起，冲上云霄。

发射基地，所有人的目光都随着这火箭往天空飞去。有些张大了嘴巴屏息凝神，有些伸长了脖子翘首以盼，有些一动不动神色紧张……每一个人都如临大考。十几年光景，十几年血泪，成败在此一举。

这枚巨型火箭有个非常具有时代特色的名字——东风五号，"东风"系列产生于艰难的新中国成立初期，意义非凡。

比它的名字更显意义的是它的性能——我国第一枚洲际导弹。要知道，在那个时代，拥有洲际导弹的国家在世界上都屈指可数。中国，能否凭此一举创造奇迹，震惊世界？

30分钟后，奇迹出现了！按照飞行计划，洲际导弹以超过音速20倍的速度，迅速掠过我国大陆，以雷霆万钧之势，扎入8000多公里外的南太平洋预定海域。

南太平洋上，中国舰队豪迈出海，特混编队在南太平洋以南纬7°0′、东经172°33′为中心，半径70海里的圆形海域上部署开来，他们的使命是在此迎接我国洲际导弹的到来。此时，船上的人们兴高采烈，他们有的拿着望远镜看了又看，有的用肉眼死盯着远处的天空，有的抬起手在那里比画着什么。

"来了，快看，洲际导弹来了！"不知谁率先说了一句，这话点爆了整支舰队，大家齐刷刷往天边望去。确实来了！船上的人们惊讶地发现，用肉眼就能清晰地看到洲际导弹正划破苍穹，迅速飞来。

打捞船已经做好回收导弹数据舱的准备，为了防止胜利果实被他国窃取，若是两个小时内没有成功打捞上岸，数据舱将实施自毁。很快，数据舱落入预定海域，舱中的染色剂将海水染成了一片翡翠绿。航测直升机在离海面2000米高度发现数据舱，迅疾引导172号打捞直升机载着潜水员向数据舱落点飞去，直升机悬停在离水面30米的空中，潜水员刘志友三下五除二，利落下海。5分20秒之后，这位顶级潜水员将数据舱成功打捞了起来。

发射，落地，打捞，一系列动作都圆满完成，皆大欢喜，震惊海内外！

大西北荒漠戈壁上的酒泉卫星发射中心，自从目送导弹从视野中消失之后，所有研制人员都在焦灼地等待着。那份焦虑，那份紧张，那般刻骨铭心。当我国舰队在南太平洋预定海域成功打捞数据舱的消息传来，所有人都欢呼雀跃起来。洲际导弹总设计师屠守锷，这位时年63岁的国防老兵，一屁股瘫坐在发射架前，竟像个孩子般哭了起来。十几年，洲际导弹的研制兜兜转转，历经艰辛，其间的五味杂陈一时间仿佛如洪水泄闸。

在发射前的早几个月，屠守锷和研究院院长张镰斧就率领试验队进入了依然寒气逼人的荒漠戈壁。戈壁滩气候恶劣难耐，变天像翻书一样快，刚刚还阳光明媚，转眼就飞沙走石。屠守锷身穿工作服，在火箭测试点与发射点之间来回穿梭，每来回一次，鼻孔、耳朵、衣服都灌满了沙土。这样的工作常常一干就是20多个小时，困了就在木板床上打个盹，醒了又奔赴现场。

洲际导弹身上有数以十万计的零部件，要确保发射成功，每一个零部件都必须处于良好的工作状态。所谓"千里之堤溃于蚁穴"，在那复杂如人体毛细血管的线路管道上，哪怕一个很小的毛病，都可能造成结果的失败。尽管有严格的岗位责任制，尽管发射队员个个都是精益求精，屠守锷依旧不放心，总是亲自带着大家进行检验。在进行的几十次眼看手摸、仪器测试中，还是查出了几根多余的铜丝。在签字发射之前，屠守锷已经整整两天两夜没有合眼。仰望数十米高的塔身，他想上去做最后的检查。考虑到屠守锷的身体，张镰斧抢着要上塔，屠守锷却说什么也不干，年过花甲的他还是执意走向了发射台，一鼓作气爬上了发射架，做了最后的细致检查。短短几个月，屠守锷圆润的脸瘦了一大圈。

……

这还只是发射前的工作，洲际导弹研制的十几年里，艰难困苦不胜枚举。往事历历在目，如今终于成功了。屠守锷抹了一把热泪，又旋即笑了起来。这一笑，显然是多年执着追求得偿所愿的大慰藉，是少年壮志得以实现的大喜悦。

洲际导弹的成功，其影响和意义是巨大的。标志着中国航天开始走向成熟，标志着我国国防科技的发展又向前迈进了重要一步，意味着我国国防实力有了新的提高和加强。

屠守锷，因其贡献卓著，被称为"中国洲际导弹之父"。

如果说屠守锷一生是一条起伏跌宕的波浪线，那么洲际导弹应该算得上是其中最波澜壮阔的一段。人的一生浩渺绵长，有高潮，有低谷；有波澜壮阔，也有平静如镜。屠守锷的一生亦如此，有作为洲际导弹总设计师的波澜壮阔，也有诸多或大或小的缓缓潺潺。少年、青年时期的屠守锷志向远大，勤奋好学，一经踏入当时还一片空白的国防航天领域，他便终其后半生，为中国导弹事业、国防事业竭尽全力。很长一段时间，屠守锷都是埋头苦干，低调的他几乎是默默无闻。

随着我国导弹、火箭取得一次次突破，贡献巨大的屠守锷才慢慢为国人所知。时至今日，屠守锷的名字依旧与山河同在，从这个意义上来讲，他的一生又是如此峥嵘璀璨，意义非凡。

翻开屠守锷的人生画卷，我们清晰地看到，他的一生与我国航天事业紧密相连。要了解屠守锷的一生，我们首先得了解中国航天的历史。

中华人民共和国成立之初，我国航天领域几乎一片空白，国防实力极为薄弱，高尖端武器更是几近于零。1956年，在国家的高度重视下，我国航天事业才于艰难中蹒跚起步。自这年创建以来，我国航天事业历经帝国主义封锁、苏联撕毁协定撤走专家等多重困难，最终突出重围，屹立于世界之林，成为极少数拥有导弹等尖端武器的国家。细数我国航天发展史，我们会看到一个个闪耀着智慧光芒的节点。

1956年，对中国航天事业而言是一个特殊的年份。这年2月，钱学森向党中央提交了《建立我国国防航空工业的意见书》，之后，国务院制定《1956—1967年科学技术发展远景规划》，其中提出要在十二年内使中国喷气和火箭技术走上独立发展的道路。4月，我国成立了中华人民共和国航空工业委员会，统一领导中国的航空和火箭事业。之后，聂荣臻向中央提出《建立中国导弹研究工作的初步意见》，周恩来主持中央军委会议讨论同意，并责成航委负责组织导弹管理机构和研究机构。聂荣臻就发展中国导弹事业向中央报告，提出对导弹的研究采取"自力更生为主，力争外援和利用外国已有的科学成果"的方针。

这一报告得到了中共中央的支持。

万事开头难，有了一个坚定有力的开端便仿若有了一个稳定的地基，之后的中国航天事业就像千层之塔，在众多科技工作者的努力下，一层层往上垒砌。

1957年，苏联第一颗人造地球卫星成功发射，这给我国科学界以很大的震撼。我国一些著名科学家建议开展中国卫星工程的研究工作，部分高等院校也就此进行了有关学术活动。中国科学院由钱学森、赵九章等科学家负责拟订发展人造卫星的规划草案，代号为"五八一"任务，并成立了"五八一小组"。国防部制定《喷气与火箭技术十年(1958—1967年)发展规划纲要》。紧接着，我国开始兴建中国第一个运载火箭发射场。在中共八大二次会议上，毛泽东主席明确指出："我们也要搞人造卫星。"至此，人造卫星迅速提上发展议程。

国家的高度重视给航天事业鼓足了东风，中国第一代航天人铆足了干劲往前冲，胜利的果实也如秋日的稻谷，金灿灿地溢放光彩。1960年，中国自行设计制造的试验型液体燃料探空火箭首次发射成功。同年，中国仿制的苏联"P-2"导弹首次发射试验获得成功。1962年，我国自行研制的中近程导弹经过第一次试飞失败后，于1964年再次发射试验，获得成功。1966年，"长征一号"运载火箭和"东方红一号"人造卫星开始研制。也是在这一年，我国的中程导弹首次飞行试验取得基本成功。1970年，中远程导弹飞行试验和我国第一颗人造卫星东方红一号的发射纷纷宣告成功。1971年，东风五号洲际导弹首次飞行试验基本成功。1975年，我国发射了一颗返回式人造卫星。1980年，我国向太平洋预定海域发射了远程运载火箭东风五号，实现了洲际导弹的全程成功试飞。1984年，我国第一颗地球静止轨道试验通信卫星发射成功。1986年，我国发射了一颗实用通信广播卫星，这标志着我国已全面掌握运载火箭技术，卫星通信由试验阶段进入实用阶段。1988年，我国发射了一颗试验性气象卫星风云一号，这是我国自行研制和发射的第一颗极地轨道气象卫星。同年，中国科学院海南探空火箭发射场成功发射了一枚织女一号火箭。1990年，我国自行研制的长征三号运载火箭在西昌卫星发射中心发射，将美国制造的亚洲一号通信卫星送入预定轨道。1990年，我国新研制的大推力运载火箭——长征二号捆绑式运载火箭在西昌卫星发射中心发射成功，将模拟卫星送入了预定轨道，为巴基斯坦搭载发射了一颗小型科学试验卫星。1991年，中国第一枚120公里高空低纬度探空火箭——织女三号在中国科学院海南探空发射场首发试验成功。1998年，中国自行研制生产的长二丙改进型运载火箭在太原卫星发射中心发射成功，这标志着中国具备了参与国际中低轨道商业发射市场的竞争力……

  以上列举的只是20世纪下半叶我国航天事业取得的部分成就，我们看到了一次次成功。站在今天的时空轴上再来回望这段历史，我们不禁自豪于中国航天事业的迅速发展和卓越的成就。

当时间来到21世纪，中国航天站在"巨人"的肩膀上，站在以往成绩的高峰上，又取得了飞跃性的进展。随着我国第一艘载人航天飞船"神舟五号"搭载航天员杨利伟于北京时间2003年10月15日9时整在酒泉卫星发射中心发射，在轨飞行14圈，历时21小时23分，于北京时间2003年10月16日6时23分顺利返回内蒙古主着陆场，我国航天事业又迈向了一个新辉煌。之后，我国的航天事业在一次次的突破与创新中，从一座高峰迈向另一座高峰。神舟系列、嫦娥系列等耳熟能详的名字不仅走进千家万户，更令世界瞩目。

这样的骄人成绩离不开党中央、国务院、中央军委的领导，也离不开中国航天人，特别是第一代航天人的艰难开拓。"成功"，一个多么鼓舞人心的词语。我们知道，成功的背后绝对有无数关于血与汗的故事，有无数鏖战在一线的人，有无数失败的累积。在我国航天事业无数成功的背后，我们也看到了浓厚的关于血汗、关于奉献、关于失败……的元素，这些元素所组成的中国航天史充斥着悲壮的色彩。在这悲壮的色彩里，我们看到了一群可敬可爱的人，他们是中国航天科技工作者，特别是第一代航天事业的开拓者。

事实上，第一代航天人与中国航天事业共生共长，是中国航天孕育了他们，也是他们开创了中国航天事业的新局面。第一代航天人凭着自己强烈的爱国热情和坚定的报国信念，在中国航天事业一片空白、国民经济一穷二白的情况下，摸索出了一条走在世界前列的航天道路。我们俨然看到，在清冷逼仄的实验室里，在黄沙漫天的荒漠戈壁中，在威严肃穆的火箭发射场上，科学家们全身心扑在航天事业上，几十年如一日，开拓创新，锐意进取。我们俨然又看到他们遇到问题时紧锁的眉头，获得丝毫突破时的喜极而泣，甚至做梦梦到一个破解方案时猛然惊醒，一骨碌起身，就地在实验桌上记下来某一串至关重要的数据……中国航天之路充满困难，布满荆棘，少不了流血流汗，但是我国第一批以航天院士为代表的航天人用锲而不舍、百折不挠、严谨务实的工作作风，不断攻坚克难，终于赢得了一个接一个震惊世界的胜利，铸就了一座又一座永垂不朽的丰碑。

　　本书主人公屠守锷，正是我国第一代航天人的代表人物之一。在我们以上所列举的诸多航天事业骄人成绩中，他参与了多项任务。他是火箭总体设计专家，是"两弹一星功勋奖章"获得者，是中国科学院、国际宇航科学院院士，他与任新民、黄纬禄、梁守槃一起被尊称为"中国航天四老"。从20世纪50年代开始，屠守锷就投身航天事业，在我国涉及导弹事业的众多学科和技术都处于空白的状态下，屠守锷作为主要负责人，参与领导了我国液体弹道式导弹的仿制和自行设计。之后，他又从技术上主持制定了我国弹道式导弹发展的"八年四弹"规划，主持了中近程、中程、中远程、洲际导弹等的研制工作，在弹体结构、液体发动机、控制系统、弹头系统等方面取得了诸多关键技术的突破。特别是主持洲际导弹研制工作的十多年间，屠守锷在极为艰难的情况下，大胆采用一系列新技术、新材料、新工艺，提出自己独到的见解，确保了我国洲际战略导弹的最终成功。

人至暮年，壮心不已，退休后的屠守锷也没闲着。在 20 世纪 80 年代后期，屠守锷积极推动我国运载火箭打入国际市场，提出并推进发展火箭捆绑技术，担任长征二号捆绑式运载火箭技术总顾问期间，亲自指挥攻关了火箭捆绑技术的诸多难题，在世界航天史上写就了中国捆绑式火箭的奇迹。

屠守锷的一生，是与我国航空航天、导弹火箭捆绑在一起的一生。他为我国航天事业奋斗一生，也随着我国航天发展的脚步共同成长，铸就卓越。他是第一代航天人的缩影，亦是第一代航天人的荣光，这束光亮照耀着后来者的前行之路。

屠守锷的故事，要从浙江南浔这个充满书香、写满故事的古镇说起；要从他出国留学，却又历经波折回归祖国说起；要从上海码头那一幕惨绝人寰的敌机轰炸说起；要从应聂荣臻元帅之邀，跨进国防部第五研究院的大门那一刻说起……

目 录
contents

第一章　蓄力发芽的种子 / 1
回国去 /2
古镇上的书香人家 /9
那一声"隆隆"鸣响 /18
风雨清华园 /22
昙花一现的光芒 /30
往西走，心向阳 /35
永远的西南联大 /42
出路与归途 /49

第二章　拔节生长的梦想 / 55
杏坛新绿 /56
国防新兵 /66
与导弹初谋面 /78
丢掉"洋拐杖" /86
独立的"争气弹" /94
把故障消灭在地面上 /110

目 录
contents

第三章　穿越洲际的力量 / 118

"八年四弹"规划 /119

不一样的材料 /125

一股白烟 /133

发射倒计时 /142

首次试飞 /151

"常败将军"的烦恼 /160

国与家 /168

洲际导弹，成功了！/175

第四章　腾飞浩宇的"神箭" / 184

金牌火箭 /185

据理力争 /191

"长二捆"战歌 /197

造出一个"金娃娃" /204

夕阳未晚 /214

后记　与山河同在 /224

参考资料 /233

第一章　蓄力发芽的种子

　　梦开始的地方是家乡那片泛着书香的土地，从丰饶江南到烟云清华，从硝烟北地辗转烽火长沙，最后，少年来到了偏远西南。在战乱流离中固守本心，于风雨行走中汲取养分，终是学得满腹经纶。循着理想的方向，少年踏上奔赴异国他乡学习深造的远途。时光荏苒，岁月如梭，少年已成青年，看似走远的他其实从未走远。异国他乡的明月照进了青年布满乡愁的内心，"回国去！"一个声音斩钉截铁。漂洋过海，波折辗转，终于回到阔别良久的祖国。这片土地仍是战火纷飞，民生凋敝。抬头仰望，青年想起了儿时的上海码头，敌机轰轰隆隆，同胞流离失所，亲眼瞧见这一切的他立下了一个远大的志向：要造出中国人自己的飞机。初心使命，刻骨铭记。

建设！他决定用满腔热情、用满腹才学、用一生时间去投身国家建设！梦想的种子一旦发了芽，便会迎着阳光雨露奋力拔节生长！

回国去

"日本无条件投降了！"

当这个消息传到青年屠守锷耳际时，他正在大洋彼岸的美国寇蒂斯飞机制造厂担任工程师，埋头研究制造飞机的图纸、零部件，以及相关理论。

这一天是1945年8月15日，一个令所有中国人难忘的日子。

当这一振奋人心的消息传到屠守锷耳朵时，他再也按捺不住内心的激动。这一日，他下班分外早一些。从公司回家的路上，夕阳明晃晃地照耀着他那张圆乎饱满、闪耀着光泽的脸。此时，一个强烈的念头也像这夕阳的光泽一般绽放在这位年轻人的心头。准确地说，这个念头早已在他的内心深处扎根，只是等时机喷薄而出罢了。

——他，屠守锷，要回国去！要赶紧回国去！

算一算，他已经在脚下这片美国的土地，这个并没有任何归属感的异域他乡待了四年多了。屠守锷永远记得1941年那个夏天，他是怀着怎样的抱负加入出国留学队伍，来到了大洋彼岸的麻省理工学院的；他自然也不会忘记，当时的祖国又是怎样一种水深火热的环境……

20世纪初，外国侵略势力肆无忌惮地在我国土地上撒野，国内局势内忧外患，混乱不堪。面对一个积贫积弱的国家，一部分勇敢而先进的中国人奋起反抗。年轻的鲁迅喊出了"其首在立人，人立而后凡事举"，共产主义先驱李大钊则呼吁再造中华，"以青春之我，创建青春之家庭，青春之国家，青春之民族"。不少知识分子选择了一条特别的道路——到国外学习深造。这条路，从早期的蔡元培、蔡和森他们身上已经取得明显的效果，他们走出地域的桎梏，也突破了内心的围墙。他们走向西方，以期掌握世界丰富先进的理念或技术，寻找救国救民之路。

屠守锷就是怀着这样的报国热情来到麻省理工学院的，只是到了他出国留学的年代，已经与早期的先进青年们探寻救国道路有所不同，他所想的，是出国学习先进技术。此时，国家恢复了公费出国政策，屠守锷以优异的成绩获得了公费留学的机会。当他远渡重洋，终于来到了自己梦寐以求的求学殿堂时，他被眼前的"先进"震撼了。

麻省理工学院，创立于1861年，位于美国马萨诸塞州剑桥市，主校区依查尔斯河而建。顾名思义，理工学院，它的早期学科自然是侧重于应用科学及工程学。任何一个事物都是时代洪流里的涓涓细流，至于流向哪个方向，是迎接干涸的命运，还是汇聚到泱泱大海，与它所处的环境息息相关。麻省理工学院的发展也不例外，第二次世界大战改变了世界格局，也改变了这所普通院校的命运，倚靠美国国防科技的研发需要，麻省理工学院迅速崛起，一跃成长为世界一流理工大学。此后，这所学校的内涵更加丰富，教学也更加精湛，以顶尖的工程与技术而著名，被誉为工程师的摇篮。

屠守锷所在的航空工程系是麻省理工学院的强势专业，其入学条件在当时也是相当严苛。至于这个年轻人是凭着怎样的本事成功踏入这所多少人梦寐以求的工学殿堂的，这与他的经历息息相关，我们在后面的故事中回溯，在此不多赘述。

回到1941年的麻省理工学院，当查尔斯河的温煦和风迎面吹拂，屠守锷知道，他的学习机会真的来了。在麻省理工学院航空工程系研究生部，屠守锷找到了一片广阔天地。在这里，他埋头学习和研究航空科学技术。与自己之前在西南联大、清华大学有着异曲同工之处的是，屠守锷发现，麻省理工学院也同样侧重于工程试验应用，倡导学生多思考，多探索，多提出"奇思妙想"。也正是在这样包容的学习环境下，屠守锷的学习欲被充分激发。两年的时间，他如饥似渴、争分夺秒地学习，攻读了航空工程专业的全部研究生课程。

大部分时候，屠守锷将自己"埋"在图书馆的书堆里，或者是实验室的实验器材中。只有夜深人静，一个人走在从学校回"家"的路上，屠守锷才会抬头看看天，这时候，风是一剂清醒剂,将他从忙碌的学习生活中"拎"出来,让他猛然清醒地察觉到,回"家"?这里哪是他的"家"啊!

屠守锷深深地叹了一口气,再抬头看天时,一轮明晃晃的圆月稳稳地挂在天的正中央,在月亮的周围,分布着点点星光。乍一看,星星并不多,仿佛月亮就是这片天空的主宰。再一看,他又发现了几颗星星铺排在深邃的天空中。盯着天空看得越久,星星仿佛就越多。他干脆站在那里,盯着天空看了很久,这时候,他猛然发现,他的眼中看到的都是星星,月亮已然不似一开始时那么打眼了。

"星星!"屠守锷突然精神一振,眼睛里放射出亮闪闪的神采。透过那片天空,他似乎看到了自己的祖国和亲人。此时的国家正处在一片混沌之中,然而,只要每个中国人都努力地去发出光亮,那么,我们的国家总有一天会繁星满天,在黑暗中闪耀出一片特别的光彩。

这么想着,屠守锷将眼神从天空中收了回来,脚步也迈得更快了,匆匆回到住所,他打开灯,在灯下铺开本子,又随手拿起一支笔,"唰唰唰"地在本子上写起字来。

不久之后,一篇《横向加强筋薄板的强度》的论文摆在了他导师的桌面上,这就是屠守锷那段时间所写的论文,也是他学习和研究成果的结晶。

"Very good!"导师看后,频频点头。当他将眼光望向眼前这个青涩却笃定的中国学生时,他俨然看到了这个行业明媚的希望。导师握着他的手,叮嘱他好好研究,将来必有所成。

揣着一纸优异的毕业成绩，屠守锷进入了寇蒂斯飞机制造厂。这是他从学校走向社会的第一步，也是理论走向实践的第一步，这对屠守锷而言无疑是一次难得的实操锻炼机会。

当第一眼看到偌大的飞机全乎地摆在自己面前时，屠守锷瞪大了双眼。飞机！这个曾经在他头顶盘旋，差点要了他小命的东西，这个他在内心暗暗下定决心要制造的东西，如今近在眼前，怎能不让人激动和喜悦！

然而，当他真正投入一线生产时，他发现，梦想与现实之间横亘的是千奇百怪的问题；梦想要走向现实，需要付出的可不是一点点时间。与在学校学习的理论不同，飞机制造厂是进行一线生产的地方，所有的理论知识最后都得变成实实在在的飞机零部件，这也是掌握飞机制造的必要步骤。

也是在这段时间，屠守锷的思想愈发成熟，他将所思所想凝结成了《飞机起落架落地时的振动问题》一文，从这篇论文中，我们可以看到，他在飞机结构力学方面的理论研究日趋成熟。这些都是实践带给他的好处，使他在实操中初步掌握了科学研究的基本方法。

当日本宣布无条件投降的喜讯传到美国时，有着四年学习实践经验的屠守锷已然练就了一身的本领。这个心怀抱负身怀技能的热血青年跃跃欲试，想要将满腔的热血都倾注在祖国这片百废待兴的热土上。

"回国去！"此时，他满脑子都是这个意念。

第二天一大早，屠守锷匆匆起床了。或者说，他一晚上几乎都没睡着。拿起早已准备好的辞职信,来到领导办公室。

"我要辞职!"他郑重地将辞职信交到对方手中。

"辞职?"这突如其来的举动令对方一脸诧异,"好好的为什么要辞职?辞职干什么去?"

"回国去!"屠守锷斩钉截铁地说。

"回国去"的举动让对方更不能理解了。要说在飞机制造厂的待遇、环境,那可比此时的中国好太多了,屠守锷这个年轻人为什么要放弃优渥的条件回中国去呢?他们当然不会理解一个怀着学成归国志向来到美国学技术的爱国青年的决心,那怎可是优渥的物质条件能够撼动得了的。好说歹说,但屠守锷去意已决,这让对方毫无办法,最终只得同意了他的辞职申请。

回国的历程却远不像他的辞职那么简单迅速,这令屠守锷始料未及。

本来,屠守锷打算穿过白令海峡回国,这条路几乎算是归国最快的捷径。可设想归设想,最终他却因为经费不足、船只起航晚等原因,不得不放弃这条归国捷径。

正当他一筹莫展的时候,一位美国朋友说要开车去加利福尼亚,这个消息就像是雪中送炭,一条新的回国路线在屠守锷的脑子里勾勒出来。他当即决定坐朋友的车先到加利福尼亚。此时的屠守锷想法很简单,就是希望一步一步离祖国更近一点。

时间是 1945 年 9 月,坐朋友的车子到达加利福尼亚之后,屠守锷发现，这里也没有回国的机会。屠守锷又乘汽车来到旧金山，开始了从美国东海岸辗转到西海岸，横跨北美大陆的艰难跋涉。这样周周转转，在美国大陆就花去了约莫两个月的时间。

车轮颠簸起伏，屠守锷的心情亦如是。往往现实就是这样，你越着急做一件事情，发展态势就越不如人愿，此时的屠守锷就经历着这样的痛苦。"回国啊，快些回到祖国吧！"他的内心不断地翻腾着这个想法，简直是归心似箭。可现实却像是一个行为怪异的倔老头，总跟他开着各种不合时宜的玩笑。

终于到达旧金山，屠守锷却被告知近期去中国的船票已经卖光了。此时的他心灰意冷，就像个泄了气的皮球，一下子跌落谷底。也许是上天被屠守锷的赤子之心所感动，正在他一筹莫展的时候，他遇到了一艘军舰，这艘军舰同时也做生意，恰巧，它的目的地正是大洋彼岸的中国。

做梦一般，屠守锷终于乘上了回国的军舰。遨游在一望无际的太平洋上，望着浩渺汪洋，屠守锷思绪纷乱。美利坚合众国的记忆碎片零星地跳入脑海，麻省理工学院查尔斯河畔的风是那么和煦，还有这一片先进的科技沃土，让他大开眼界……这真是一径波折弯曲的人生旅程呀。屠守锷不知道的是，相对于以后的人生征程，这点波折简直是九牛一毛。未来，等待他的未来，一片辽阔，也一片混沌。

他的思绪回到更早以前，家乡浙江南浔古镇、母亲那慈爱的微笑、琅琅的读书声……以及曾经打破这一片宁静的敌机的轰隆声。如果说他现在已然是一株生机勃勃的树苗,那么,曾经的这一切便仿若嫩芽破土。那是一段懵懂青涩的岁月,那时所发生的一切这会儿都幻化成或明或暗的星星点点,闪烁在他内心深处那片澄澈而辽阔的世界……

古镇上的书香人家

一声新生婴儿的啼哭打破了1917年浙江湖州吴兴县南浔镇冬日的萧索。

"屠老爷,恭喜呀,恭喜呀,是个男孩儿!"收拾利索之后,接生婆怀抱着新生的婴儿,小跑着来到屠维屏跟前报喜。看着眼前这个眯缝着小眼睛哇哇大哭的小孩儿,喜悦的笑容顷刻间绽放在屠维屏这个清末举人的脸上。

屠家不是名门望族,只是地地道道的读书人家。"书中自有黄金屋,书中自有颜如玉。"到屠维屏这一代,已经是好几代读书人了。屠家人没有从书里收获金灿灿的"黄金屋",却以优良的家风和气节在邻里乡亲间收获了极好的口碑和较高的威望。不仅如此,当地的一些大户人家或豪门乡绅也对屠家人很是尊重。特别是屠维屏中举之后,大家更是推举他协助主持乡里的各项事务,有些还请他帮忙管理自家的实业。

男孩儿的出生给这个寻常家庭增添了喜气。屠维屏从接生婆手中接过儿子，端详了半晌，这个脸蛋圆润、天庭饱满、胖胖乎乎的小子愈看愈发惹人喜爱。

扬起头望向窗外，沉思了一会儿，屠维屏提笔在纸上认认真真写出了三个字：屠守锷。锷，意为刀剑的刃。守锷，顾名思义，是要守住这刀剑之刃。此时的屠维屏对儿子所寄予的很可能是希望他能锻造自己的锋芒，又能守住这份锋芒，保护自己。父母心意，无非是希望自己的子女平安顺遂。或许，屠维屏还在儿子身上寄予了保家卫国的愿望。

屠维屏给儿子取这么一个"锋利"的名字是有原因的。20世纪初的中国，军阀割据混战，外国势力强加干涉，时局动荡，民不聊生，就算是鱼米之乡的江南地区也不例外，人民群众过着食不果腹的生活，辛亥革命如一声暴雷，给麻木的社会划出了一道闪亮的光，却给屠维屏这个读书人带来了"麻烦"。因为战争，他未能通过科举考试进入仕途，满腔抱负只能憋屈在自己那具小小的身躯里，生长出苦闷的情绪。只是，屠维屏也知道，在当时的大环境下，他一介书生手无缚鸡之力，进入仕途又能做什么呢？国家兴亡，匹夫有责。覆巢之下安有完卵。这些道理深深刻印在屠维屏这位知识分子的心里。于是，他将满心希望寄予刚出生的儿子身上，给他取名"守锷"，便是可以理解的了。

锻造锋芒，守住锋芒。屠维屏没想到的是，他这个名字取得恰到好处，他的守锷最终成为了一个利刃般的人物，终其一生守护在祖国的山河上。这是后话。

眼下,这个一出生就被寄予厚望的男孩——屠守锷,在南浔古镇茁壮成长着。

说起历史悠久的南浔古镇,历来便是江南丰裕之地的名镇。南宋以来,南浔即是"水陆冲要之地",因临浔溪河而得名浔溪,后来又因为浔溪之南商贾云集,又得名南林。淳祐十二年(1252年)建镇,南林、浔溪合并为"南浔"。

南浔地处长江三角洲杭嘉湖平原,不仅是鱼米之乡,且蚕丝业发达,清末民初已成为全国蚕丝贸易中心。"鱼米之乡""丝绸之府"的美誉给南浔赋予了一种富庶的气质,可南浔却不仅于此。

在历史上,南浔又被称为"诗书之乡"和"文化之邦"。自古便有崇文尚教优良传统的南浔孕育了丰厚的文化内涵,在历史上也曾培育出了无数杰出人才。据宋、明、清三朝记载,南浔籍进士有41人,仅清代有著述问世的南浔人物就有280余人。许多著名人物,如民国奇人张静江、"西泠印社"发起人之一张石铭、著名作家徐迟等,都出自这里。

即便是这一方灵杰之地,也抵不住近代战乱动荡的摧残。辛亥革命之后,南浔经济命脉之一的蚕丝价格惨跌,桑户大量破产,加之粮食缺口大,人民群众陷入了艰难困苦中。屠守锷出生的时代,大约就是这么一个背景。

"阿爸,阿妈,你们快一点,快一点。"这一日,明媚的阳光照在南浔的街头巷尾,小小的屠守锷轻快地踏行在泛着光的青石板上，扭过小脑袋，朝着身后的一对中年夫妇喊道。

"来了来了，守锷，你慢着点。"女人慈爱温和地应和着儿子，脚下步履加快了些，开始小跑起来。

望着眼前的妻儿，屠维屏微微舒展了紧锁多日的眉头，嘴角向上微微翘起，弯出了一道满意的微笑。笑着笑着，他的眼里泛起了微微的泪花。

以前，凭着自身本领，屠维屏帮助乡绅们打理民营企业，带着家人过着不算富庶，却也宁静小康的日子。辛亥革命失败后，在连年的军阀混战中，南浔的这批民族企业纷纷倒闭，民不聊生的大环境下，屠维屏一家也未能幸免。不久，他就失业了，随着屠维屏这个顶梁柱的失业，屠家失去了经济来源，生活开始艰辛困顿。看着妻儿跟自己过苦日子，屠维屏内心像是有无数只蚂蚁在爬挠，很不是滋味，却又无可奈何。好在最后还是凭着屠家多年来累积下的好名声，在朋友的帮助下，屠维屏找到了一份在商行当职员的工作，一家人的生计这才活络过来。人逢喜事精神爽，在那个动荡的年月，能吃饱肚子恐怕就是最大的喜事了。这一日，屠维屏两口子准备去菜市场挑选一些食材，好好改善一下伙食。小小的屠守锷一听便来了劲。

"阿妈，我要吃你做的湖羊肉。"屠守锷等到母亲走到跟前，伸手抓住母亲的手，昂着小脑袋说。

"你这个小馋猫。"母亲揩了一下屠守锷的鼻子，温柔地说，"阿妈给你做，给你做。"

母子俩便径直朝着那片熙熙嚷嚷的市场走去。

说到湖羊肉，生活在太湖边上的不少人恐怕都难忘这一口家乡味道。湖羊产于沿太湖周围及临近地区。其实，湖羊的"老祖宗"并不在太湖，而是北方的蒙古羊。南宋时期，蒙古羊随移民南下，这才来到太湖地区，在这里繁衍生息，成长为一个大的品种。湖羊属于羔羊品种，个体小，肉质肥而不腻，细嫩爽口。

那一日母亲做的湖羊肉，足足把多日来没有好好吃上一顿好饭菜的屠守锷给吃满足了。多年以后，当他能吃上更多更好吃的美味时，他内心深处最难忘的，还是家乡那顿浸透着儿时记忆的湖羊肉。

眼下，屠维屏一家总算渡过了难关。可一个小小职员的工资终归是微薄的，屠家常常是捉襟见肘。小小的屠守锷身处风雨飘摇的时代洪流中，会被冲往怎样的远方呢？

这时候，我们就看到了南浔这片土地文化氛围之深厚，看到了屠家这个书香世家对文化教育之执着。

"读书，是一个人的前程；发展民族工业，是一个国家的前程。"屠维屏抚摸着屠守锷的小脑袋，语重心长地叮嘱道，"孩子啊，你得好好读书，就是砸锅卖铁阿爸也要让你读书。"

"阿爸放心，我会好好读书的。"屠守锷正伏案写字，听了父亲的话，便写得更仔细、更认真了。

"读书"是屠维屏时常挂在嘴边的话。由于较早接触中国民族工业，又亲自参与到民族工业的发展，屠维屏的思想新潮、前卫。在他的认识里，无论多艰难都得让子女读书。他知道知识文化的重要性，也希望知识文化能够让民族工业蓬勃发展，推动国家走向富强。

基于此，屠家形成了一个不成文的规矩：读书是头等大事，只要条件允许，孩子们就要去读书。为了将儿子屠守锷送到当地最好的学校读书，屠维屏倾其所有，甚至不惜举债。

"大学之道，在明明德，在亲民，在止于至善。"

"君子不以言举人，不以人废言。"

"上善若水，水善利万物而不争，处众人之所恶，故几于道。"

……

当琅琅书声传入耳际，屠守锷的人生开启了一片新天地。这天地可真广阔啊！

20世纪初的学堂，四书五经、孔孟儒学、诗词歌赋是主流学问。除此以外，在南浔成长的孩子还有一个特别令人羡慕的学习环境，这个环境是它得天独厚的地理位置和社会氛围所带来的。南浔自古商贾学人云集，他们来自四面八方，所带来的知识丰富多彩，兼容并包，有关于社会的，有关于民生的，有关于经济的……这些知识就像一条条涓涓细流，注入小小的屠守锷那方小小的世界，浸润着他稚嫩单纯却生机勃勃的心灵。站在家门口的小天地里，屠守锷开始睁眼看外面的大世界。

在学校读书的时光对屠守锷而言是阳光灿烂的。回到家，他的心情又不免沉重起来。

为了一家人的生计，父亲长年累月早出晚归，脸上渐渐爬满了沧桑的皱纹，人也日渐消瘦。虽然生活拮据、工作辛苦，但在任何情况下，父亲身上总是透着一股知识分子的骨气与尊严。他的行为作风，他的一言一行，似乎都在向外界昭示他是一位知识分子。那么不卑不亢，那么清高严谨。父爱如山，父亲的言行给屠守锷的童年涂上了一抹特别的颜色，他心疼父亲，同时也被父亲鼓舞着，让他在任何情况下都不放弃、不苟且。

母亲虽大字不识一个，却贤良勤劳，常常夜深人静时还凑在煤油灯前穿针引线，缝缝补补。除了照料一家人的衣食起居，母亲还会做一些针线活儿补贴家用。忙忙碌碌一天下来，母亲不得一刻清闲。勤劳善良的母亲总是任劳任怨地照顾着一家老小，对他们笑意盈盈。或许，母亲的坚韧不拔和慈爱从容是这个大字不识一个的女人带给儿子最好的礼物，在后来的日子里，我们总能从屠守锷的身上看到这些品质。越是自己没有文化，母亲越希望自己的孩子有文化。每每看到屠守锷认真学习并取得优异成绩时，母亲总是笑得比任何时候都灿烂。

修完小学的课程，屠守锷乘船离开老家，先后来到了嘉兴和上海，在浙江省立第二中学初中部和江苏省立上海中学高中部读完了初中、高中课程。从高中开始，屠家的经济情况越发艰难了，以至于到了难以支付屠守锷学费的地步。好在聪敏勤奋的屠守锷此时已经能够凭着奖学金继续学习深造。

"阿妈，我教您认字吧。"在煤油灯下写字的屠守锷突然停下手中的笔,转身对着正在他身后叠衣裳的母亲说道。这时候的屠守锷已然是个小伙子了,他希望近乎崇拜读书人的母亲也能识文断字,他觉得这大约也是母亲所期盼的。

"我?学认字?"母亲简直不敢相信自己的耳朵。

"是的,阿妈,以后我要出远门了,可以给您写信,您也能看懂啦。"屠守锷郑重其事地将整个身体都转过来,对着母亲说。

"咦,我都没进过学堂门,哪里学得会哦。你快学习吧。"母亲连连摆手,嘿嘿笑着,脸却像个娇羞的少女,一阵阵发红。

母亲就是这样,舍不得占用孩子们一丁点儿的读书时间,再忙再累她都不肯喊孩子们帮忙,更别说是自己想都没敢想过的事。

屠守锷站起身,走到母亲面前,拉过母亲的手,牵到书桌前,又轻轻地把母亲"摁"坐在椅子上,说道:"阿妈,认字其实很简单的,来,我们从最简单的开始。"

母亲扭捏起来,几次想站起身,却拗不过儿子的执着。只得任儿子"摆布",屠守锷顺势给母亲的手中塞进来一支笔,又顺势握起母亲拿笔的手,在本子上认认真真地写上了一横、一竖、一撇、一捺。

不一会儿工夫,一个人名就写好了。"阿妈,这是您的名字。您看,很简单的。以后,我要教您写更多的字。"屠守锷一边抓着母亲的手继续写着字,一边得意洋洋地说道。

"你这伢子啊,哪能浪费这时间来教我一个没进过学堂门的人哦。"母亲嘴上嗔怪着,手却任凭儿子抓着在本子上涂写。每写出一个正儿八经的字,她都会惊喜地瞪大双眼看了又看。

"阿妈,您自己来一遍吧,照着写就行。"教了几遍之后,屠守锷松开了母亲的手,让她自己写名字。

母亲也便像个刚启蒙的小学生一样,依葫芦画瓢地照着写起来。她认认真真,一笔一画,三个字的工夫硬是写出了十个字的时间。

"阿妈,您这字写得好啊,要是您小时候有机会读书,得读成一个大学生哩。"看母亲终于费劲地把名字写好了,屠守锷毫不吝啬自己的夸赞,直夸得母亲脸更红了。

"你这伢子,还取笑我哩!"母子俩乐作了一团。

从那以后,屠守锷几乎是把教母亲认字、写字当成了自己的一项重要任务。成年之后的他也一直让母亲陪伴在自己的身边,哪怕工作再忙,他都要抽出一些时间来教母亲认字。他教得认真,母亲也学得认真。以至于后来母亲还真能自己看明白他写给她的信件。有时候,屠守锷也会学着母亲的腔调念着母亲平常喜欢挂在嘴边的词,母子俩常常乐作一团。如此母与子,平和惬意地相处了一辈子。

严格的父亲,和蔼的母亲,和煦如春风般的书香氛围,开放包容的学习环境……编织出了屠守锷的童年和少年。拿出最好的成绩回报辛勤的父母,是屠守锷幼时最强大的学习动力,他的成绩也一直名列前茅。

在那些困顿艰难却充满温馨的日子里,知识文化像涓涓细流，顺着父亲母亲坚实的臂膀，透过流金般的岁月，浇灌着屠守锷的心灵，滋养着他的生命。时隔多年后的今天，我们仿佛还能听到这户南浔古镇上的读书人家，时时传来琅琅清脆的读书声、快乐温馨的说笑声……

那一声"隆隆"鸣响

"隆隆隆……"猝不及防，头顶上响起了一阵震耳欲聋的鸣响。

屠守锷抬头望去，只见数十架飞机正在低空飞行，炸弹像雨点般从飞机中丢下来。

"快跑，快跑！"还没等屠守锷回过神来，父亲已经紧紧地攥着他的手朝码头奔去。

"隆隆"声已经将人群炸得乱作一团，凄厉悲惨的哭喊声，噼里啪啦的倒塌声，震天动地的爆炸声……交织在一起。人，那么脆弱，又那么渺小，此时此刻，好像是随手就可以捏死的蚂蚁。原本喧闹的码头瞬时间变成了一片火海，人，无处安生，无路可跑。

面对突如其来的轰炸，屠守锷不知所措，只任由父亲拉着往前跑，他也不知道要跑到哪里去。

这是 1932 年的上海，这座繁华的城市刚刚经历"一·二八事变"。此时的屠守锷才 15 岁，正在上海读书。本来，这一天屠维屏一早出门，是来学校接儿子回南浔过春节的，却不料父子俩在回程去码头的路上遭遇了日本人制造的这番惨不忍睹的空袭。

所幸的是，屠守锷和父亲逃过一劫。当他们终于登上回南浔的轮船，驶离这片地狱般的轰炸现场时，举目可见的是江两岸随意倒塌的房屋和数不胜数倒在血泊里的同胞。

站在轮船上看着这一切，屠守锷感到不寒而栗，内心无比悲凉。父亲抖了抖袖子上的尘土，在屠守锷的脸上擦了又擦。可是擦得掉年轻学子脸上的尘土，却擦不掉笼罩在心上的阴影。

"这可是我们国家的土地啊，他们凭什么这么肆无忌惮？"屠守锷望着天空中那些"嚣张"的飞机，内心升起了一团愤怒的火。后来他才渐渐知道，这飞机叫轰炸机。在它们的轰炸之下，我们的同胞死伤无数，我们的国土面目全非。

更令他不解或是感到悲哀的是，整个天空只看到日本侵略者的飞机，没有一架我们自己的飞机迎面反抗。此时的中国是那么的无力、无奈，就像在地上仓皇逃躲的他一样，空有满腔怒火，却毫无招架之力。

"看来只有发展工业才能救我们的国家呀！"父亲屠维屏听到了屠守锷的喃喃自语，他重重地拍了拍儿子的肩膀。这话，屠维屏不止一次对屠守锷说过，而在此情此景下说出来，似乎有着一种醍醐灌顶的作用。

"阿爸，儿子记下了！"屠守锷重重地点着头。落后就要挨打，此刻，眼前这位15岁的少年，刚刚从鬼门关走了一遭，又亲眼看见地狱般的情景，已经很是明白这个道理了。那个春节，屠守锷过得一点儿都不开心。闭上眼睛就是日本轰炸机嚣张肆虐的情形，还有在轰炸之下上海码头那房屋倒塌、生灵涂炭的惨状。这些场景就像刀子戳到了他心里一样，怎么都挥之不去。

或许，一个人长大只在须臾之间。对屠守锷而言，这个须臾或许就是轰炸机在头顶"隆隆"作响的那一刻。他是个善于思考且乐于思考的人，此时的他已经在琢磨，怎么样才能不挨打！"工业救国"，父亲说的话在他心里打转。守锷啊守锷，他恨不能把自己锻造成一把真正的利刃，刺向侵略者的胸膛，扎向那些轰隆作响的轰炸机。可他毕竟还只是一个少年，要成为利刃谈何容易，一切都得从长计议。

"一定要亲手制造出中国人自己的飞机和先进的武器，消灭那些在我们的国土上烧杀抢掠的强盗！"这是屠守锷思索了一个假期暗暗下定的决心。

回到学校，屠守锷像变了个人似的，话少了，笑容也少了，学习的劲头却更足了。

他的成绩一如既往的优异。如果说从前取得好成绩是为了慰藉辛劳的父母，那么现在，他已有新使命。他必须成为一个卓越的人，只有这样，才能早日实现自己的目标，成为对国家有用之人。

迎着第一缕晨曦,屠守锷总是最早来到教室。他有个习惯,喜欢把学习过程中遇到的尚且不能理解和解决的问题一一梳理出来,记在小本子上。小本子上待解决的问题总是密密麻麻,一有零散时间,他就陷入思考的状态。同学们常常会发现他一副若有所思的样子,跟他打招呼也不理人。其实是他陷入了某个问题里,根本听不到有人在跟他说话。

他也喜欢揪着一个公式或是一个理论反复求证,一来二去,知识的边界就被无限延展了。如果说原来的公式或理论本身只是一间狭小的房子,那么在他的拓展下,这狭小的房子准能变成一栋豪华别墅。《道德经》言:"道生一,一生二,二生三,三生万物。"思想的世界就是这么奇妙呵,一个事物总能衍生出无限的空间供人们去探索,去开拓。而这,也让屠守锷愈发爱上了思考。

当一天学习结束,屠守锷很晚才回到宿舍。躺在床上,黑夜让人看不清五指,舍友都已沉沉睡去,呼噜声此起彼伏,在这寂静的夜里异常响亮。屠守锷睡不着,他瞪大眼睛望着天花板,除了一片黑,什么也看不见。可说来也奇怪,他仿若感觉自己看见了一个活跃的世界,那些白天学习过的、思考过的知识和问题,像放电影般一一在他眼前翻来覆去。翻腾了几个回合,他的脑子终于累了,脑细胞准备罢工,一阵疲惫袭来,他这才带着满满的知识,不知不觉进入梦乡。

第二天黎明,光亮从窗户口溜进来,叫醒了沉睡中的学子们，又是崭新的一天。就是在半刻不停的学习中，屠守锷将青春时光塞满了知识，带着这些沉甸甸的知识，他一天天成长。

风雨清华园

1936年夏，炎热的季节。屠守锷的心情，也如这天气一样热烈。

当那一纸清华大学的录取通知书送到浙江南浔屠家小屋时，屠守锷正跟父亲讨论接下来的打算。

"阿爸，我报考了清华大学机械系。"高考填报完志愿回到家，屠守锷就将自己的想法告诉了父亲。

"为什么是机械系？"屠维屏有些不理解。

"因为机械系里有个航空专业组，我比较了一下，要学造飞机，这个系最合适了。"屠守锷笃定地说。

屠维屏当然知道在那次遭遇空袭之后，造飞机就已经成为儿子的梦想。虽然忙，屠维屏却也时刻关注着儿子的成长和学业，父子俩几乎无话不谈。听到儿子这么说，屠维屏一阵欣喜。航空航天正是我国工业发展的题中之义，他一辈子没能做到的事情，他希望儿子能做到。

"好样的，守锷，阿爸支持你，希望你将来能为我国工业发展出一份力。"屠维屏右手搭在儿子肩膀上鼓励道。他发现，儿子稚嫩的肩膀已经结实了不少，已然是一副能扛事的肩膀了。

功夫不负有心人，成绩优异的屠守锷如愿以偿地考入了清华大学，选择了自己心仪的专业。

去学校报到那天，屠家就像办一场久违的喜事。屠维屏将自己七凑八凑的学费用一块帕子包裹得紧紧实实，塞进了屠守锷的手中，嘱咐他好好读书。母亲早早起了床，煮上了几个鸡蛋，非要塞在儿子的包裹里，要他带在路上吃。事实上，她提前了好几天就开始准备屠守锷在大学要用到的衣衫和生活用品。

噙着满眼的泪水，屠守锷告别了母亲。父亲拎着大包小包，亲自将他送到了车站。以前到上海读书，距离也是远的，跟家人聚少离多。每每放了假，父亲就到码头来接他回家。这一次要去的地方可不是坐船就能到达的上海，屠守锷心里有点忐忑，眼里却写满了憧憬。父亲则更活跃一些，一路上嘱咐这个，叮咛那个，平素少言的他这会儿却话多了许多。

屠守锷拎着大包小包走进了车站，他再回头望向父亲，只见父亲还在原地远远地看着他。见他回过头来，平素一贯严肃的父亲，脸上露出了笑容。父亲嘴里在念叨着什么，屠守锷已经听不清楚，只见父亲高高扬起右手，做着要他赶紧进去的手势。屠守锷冲父亲点点头，转过身，眼泪已经在眼眶中打转转。他猛然一回头，发觉父亲又老了许多，瘦了许多。那张瘦削的脸，他平常很少认真看看，上大学了，以后看到的只会越来越少了。一时间，屠守锷百感交集。他知道，自己能去清华大学读书，父亲打心眼儿里高兴。最主要的是，他这一去，连同着父亲多年的工业梦一起带向了远方。"一定不辜负父母的期望，一定要实现自己的理想。"他暗暗对自己说。

列车徐徐北去，湖州、南浔，这片柔情水乡，在屠守锷生命中涂上了一抹澄澈的碧绿，涟漪漾漾。随着列车的行进，屠守锷放眼所及的景致也在逐次变化。越往北走，景色越沧桑粗犷，水乡的灵动越来越模糊，转而映入眼帘的是北方的辽阔和萧瑟。这是他第一次见到北方，一个全新的世界。屠守锷眯缝着双眼，呼吸着新鲜的空气，他想张开双臂去拥抱这个新世界。可转念间，他又神色低落起来，他知道，这会儿在中国的土地上，恐怕不管是南方还是北方，人们的日子都不好过，多年的混乱和战争早已让我们的国家民不聊生，再美的景致也会黯淡无光。他，一个青年学子，必须投身到改变中去。改变自己，甚至改变我们国家落后的面貌。

不知不觉，北京到了。下了车，屠守锷摸索着往清华大学走去。当一个中间赫然写着"清华园"三个字的宏伟大门耸立在他眼前时，他知道，自己的理想园地到了。

清华大学，时至今日，仍然是一个令无数学子梦寐以求的学习殿堂。

回望历史，从古代的皇家园林到近代的游美肄业馆，清华园所承载的是延续古今的中国智慧和底蕴。从名称上来说，清华园的历史可追溯到明朝万历年间。大约在 1580 年，万历皇帝的外祖父李伟在今北京大学西门外修建私人花园，命名为清华园。清华园引玉泉山泉水而成前后重湖，筑长堤、造假山、堆奇石、植名花、建楼阁廊榭，美不胜收，妙不可言，有"京城第一园"之美誉。

岁月沧桑，时间更迭，后经明末战乱，清华园破败，竟成废墟。到了康熙年间，皇帝想"避喧听政"，又在明清华园遗址上兴建畅春园，规模略小于原清华园。在畅春园建成 20 余年后，康熙帝令成年皇子在畅春园周围建赐园，皇三子胤祉的熙春园、皇四子胤禛的圆明园就是建于此时。道光年间，皇帝把熙春园分成东西两部分，东部仍称熙春园，西部改称近春园。1850 年，熙春园的主人是咸丰皇帝的五弟惇王奕誴，皇帝将熙春园改名为清华园。再后来，奕誴的儿子贝勒载濂继承了清华园。"庚子事变"后，载濂爵位被削，清华园被收归清内务府所有。

1909 年，清政府决定利用美国退还的庚子赔款选派学生赴美留学，为了配合这一举措，清政府外务部设立了一所留美预备学校，称作"游美肄业馆"。这就是后来创办清华学堂的起因，也是"赔款学校"这一名称的由来，在后面的文章中，我们将具体分说。1909—1911 年完成的清华学堂前期建设（即第一次校园规划）基于清代清华园旧址，保留了皇家园林的山水骨架，奠定了从现二校门到清华学堂、工字厅一线的基本格局。

如今，最早的校门已经成为清华园中一处著名景观，即清华"二校门"。人们习惯上把清华大学校园称为清华园，但是就面积而言，清末的清华园尚不足现在清华大学校园面积的 2%。

一百多年前，勇敢智慧的中国人从推翻帝制开始，苦苦求索，寻找复兴国家的自强之路。诞生于此刻的清华园，无疑寄托着国人以学习西学、建设国家的强国梦想。

年轻的屠守锷所看到的正是著名的清华"二校门"。只见大门两边各立着两个硕大的圆柱，圆柱两侧似双翼飞展，"双翼"上雕刻的纹路古朴中凸显底蕴。校门造型精美、线条流畅，外形挺拔清丽、巍峨庄重，在两棵古柏的俯抚下显得古朴庄重。这大门似乎在告诉走进清华园的莘莘学子，希望他们在这片学习园地里修炼双翅，将来翱翔在广袤的世界，建设我们的国家。

拿着行李，屠守锷朝清华大学校园走去，一股神圣的气息扑面而来。九月的清华园已渐入秋，银杏泛黄的同时斑驳着绿，好似这片校园一样，包容并蓄，仪态万千。银杏树下，一小群学生聚在那里。他们有些穿着一袭深灰色的中山装，有的戴着眼镜，有的捧着书本，儒雅的学生气从那一张张稚嫩却充满活力的脸上透露出来。他们好似在热议着什么东西，有人争得面红耳赤，有人笑脸盈盈地在打圆场，有人对着书本读文章，读到激愤处，只见那人一只手举起，手指指向碧蓝的天……屠守锷见状,心潮澎湃,这,正是他想象中的校园!

初来乍到,他自然是凑不上什么热闹,他只是从旁边路过,继而又径直朝他的学院走去。到了班上,屠守锷才知道,他所读的专业是清华大学第二届航空专业,所在班级只有10名同学,第一届更少,仅有2名学生。前沿学府清华大学尚且如此,其他大学自不必说。所以说,屠守锷他们就是我国本土培养的最早一批航空人才。这批最早期自愿选择航空界的学子在后来的日子里,大多成为中国航空航天界的领军人物。

"同学们,欢迎选择航空专业,国家需要你们!"老师夹着书本,走到讲台上,开场白中的"国家需要你们!"让屠守锷听得心潮澎湃。

下了课,屠守锷将"国家需要你"庄重地写到本子上。这以后,这句话就成为年轻屠守锷的座右铭。从15岁经历了那次日军轰炸之后,屠守锷就已经确立了人生志向:去做祖国需要的事情,去造祖国缺乏的飞机。如今,他为国家需要而来,读书格外用功。他感觉自己离目标越来越近,身上有着一股使不完的力气。

秋去冬来,时光流逝。清华园的日子三点一线,充实而平静,屠守锷以为这样的日子会一直持续到大学毕业,却不料平静的学习生活被无情的战争打断。

1937年7月7日,驻丰台日军河边旅团第一联队第三大队第八中队在卢沟桥以北地区举行以攻取卢沟桥为假想目标的军事演习。日军诡称演习时一名士兵离队失踪,要求进城搜查。这一不怀好意的无理要求遭到中国守军的严词拒绝后，日军迅即包围宛平县城。中国守军为防止事态扩大，经与日方商定，双方派员前往调查。却不料日军趁交涉之际，于8日晨向宛平县城猛烈攻击，并强占宛平东北沙岗，打响了攻城第一枪。中国守军忍无可忍，奋起还击。日军连续进攻宛平城三次，都遭到中国守军的英勇抵抗。

中共中央通电全国，号召中国军民团结起来，共同抵抗日本侵略者。全国各族各界人民热烈响应，抗日救亡运动空前高涨。在这种形势下，蒋介石也于7月17日在庐山发表谈话，宣布对日作战。

这一史称"卢沟桥事变"的事件拉开了中国全民族抗战的序幕。

战争的硝烟让不远处清华校园的青年学子们个个义愤填膺，学校被迫停课。对此，清华大学似乎早有准备。早在1936年，屠守锷入学的那一年，清华大学就决定在湖南筹设分校，并秘密运送了一批图书、设备到汉口。这些图书、设备后来成了长沙临时大学、西南联合大学非常重要的教学参考书和教具。

"同学们，大家赶快收拾东西，我们要迁到南边去学习了。"卢沟桥事变后不久，老师冒着枪林弹雨来到教室，给学生们上眼下的最后一堂课。

"往南迁？老师，具体迁到哪里去？"学生们纷纷问道。

"长沙！同学们啊，现在日本人四处阻截我们的学生，巴不得我们的学办不下去。非常时期，大家务必注意安全。以学生身份离开北平是不太可能的了，大家都想想适合的装扮，农民、商人、官员，什么身份都行，安全到达长沙为第一要务！"老师事无巨细地交代着，刚刚议论纷纷的学生们，这会儿都竖起耳朵听老师讲，教室里鸦雀无声。

屠守锷静静地坐着，静静地听着，内心里却翻江倒海起来。他恨透了日本侵略者，这该死的侵略者，杀我们的同胞，践踏我们的国土，还要破坏我们的校园，真是可恶极了。可眼下，该如何去应对这突如其来的变局？这对一个涉世未深的青年学子而言无疑是一个难题。

1937年被迫停课后，清华大学迁入长沙。

与清华大学一起迁入长沙的还有北京大学和南开大学。为了掩人耳目，师生们虽装扮成了农民、商人等各种角色，但一路上还是免不了遭遇搜身、盘问。屠守锷在清华大学南迁的队伍里，逢山开路，遇水搭桥，总算闯过了层层关卡到达长沙。在这支浩浩荡荡的南迁队伍中，朱自清、闻一多、陈寅恪、冯友兰、金岳霖、潘光旦、吴有训、顾毓琇等一批名教授赫然在列。

1937年11月1日，由清华大学、北京大学、南开大学这三所中国顶尖学府组成的临时联合大学在长沙开学。

一切似乎已经重新开始，一切却又远远没有结束。

昙花一现的光芒

"惟楚有材，于斯为盛"。湿冷的寒风穿透战乱中的长沙，带来一种特别的苍凉和萧索。

据记载，我国自商、周以来逐渐形成的二十八宿中，有一宿叫轸宿，根据古天文学的星宿定位，轸宿位于荆州上空。轸宿旁边有个附属小星，名叫长沙星。有说长沙因此星而得名。唐朝人张谓在《长沙风土碑记》中就有如下论述："天文长沙一星，在轸四星之侧。上为辰象，下为郡县。"所谓"下为郡县"，指的就是长沙城。所以，人们习惯称长沙为"星城"。

济济人才来到有着"屈贾之乡""楚汉名城"之称的星城长沙，会发生怎样的故事呢？

长沙临时联合大学，简称长沙临大。校名是南开大学校长张伯苓、清华大学校长梅贻琦和北京大学校长蒋梦麟三位校长在南京教育部开会时商量确定的。学校的校址最终确定租用位于长沙韭菜园的湖南圣经学院。此外，理工学院设在岳麓书院，文学院设在更远一些的南岳，工学院三、四年级在湖南大学借读。

在长沙临大，清华大学的师生占了近半数，这也让临时联合大学打上了深深的清华大学烙印。根据当时的形势，清华大学正式设置了航空工程系，专攻飞机制造专业。屠守锷所在的航空专业组转入航空工程系,他也由此成为清华大学航空系的第一批学生。

对于战时状态下的长沙而言,一下子要接待这么多外来的师生,压力陡增。没地方住,有不少人就被安排住在营房里。营房没有那么多床铺,学生们就在地上铺上一层草席当床铺。兵荒马乱的日子里,有个地方落脚就算是幸运了。何况是千里迢迢南迁来的师生们,经过多日的东躲西藏、舟车劳顿,能安顿下来就已心满意足。

风,"呼呼呼"地从门窗的缝隙中灌进来。屠守锷裹了裹身上的棉衣,却感觉不奏效,那刺骨的寒风像会透过衣服钻进骨头里似的。临水而生,南浔的冬天也冷,可屠守锷发现,南浔的冷在长沙的阴冷面前简直是小巫见大巫了。这个内陆城市,冬天阴冷难耐,空气中都是刺骨的寒,夏天却非常炎热,号称火炉。极端的气候让屠守锷以及跟他一样来到长沙的学生们感到不适应。

为了帮助师生们度过阴冷潮湿的冬天,临时联合大学加急订制了应急的衣服。新衣服清一色镶着黄铜纽扣,衣领上印有"临时大学"的标记。新衣服不久就发下来了,已经被冻得不行的学生们第一时间就给裹在了身上。一时间,临时大学的课堂上大家都穿着一样的服装,某种意义上来讲这衣服成了联合大学的校服。穿上了新衣服,好歹是暖和了不少。

教学工作也难。教师的讲义很难带出来,来到临时联合大学后,教师们只能凭着记忆整理新教材。清华大学提前转移的教学设备顶了大用，却还是远远不够。相对于清华园的条件，在湖南长沙临时设置的大学条件差了许多。可在战乱时期，能有个应急避难之所供继续学习，已是非常不容易。

在长沙临大生活虽然艰苦，但屠守锷能吃得了这苦。相对于来自生活的困苦，屠守锷更怕没地方上课学本领。学习的机会越是来得不容易，如屠守锷这样的青年学子们越是珍惜。现实的苦难没有打倒中国的青年们，他们就像埋在混乱中的火种，最终成为点亮明日中国的那一缕光亮。

屠守锷没想到的是，比严寒的天气更难耐的日子还在后头。

长沙临时联合大学勉强开课，中国却仍在水深火热之中，大片领土沦陷。特别是南京失守导致大批伤员被运到长沙，临近长沙临时联合大学的火车站一度成为日军轰炸的目标。

看到这一切，屠守锷的抗战爱国情绪又一次被点燃了。如果说15岁那年遇到的轰炸机只是搅动了心里那一潭静水，那么这一次，他感觉内心愤怒的潮水已经波涛汹涌。

从1937年10月开办至1938年2月再次西迁昆明，长沙临大只存续了几个月，在长沙正常办学仅一学期。然而，在国家危难之际，这个在特殊环境下产生的特别的大学，不仅为我国后来的发展储备了人才，积蓄了蓬勃力量，而且为国立西南联合大学的开办打下了良好的基础。

我是长沙人，对长沙临大曾有耳闻，却未曾去探究。当再一次回顾这段历史，不由对长沙临大产生了浓厚的兴趣。

是日，秋高气爽。迎着秋日的高阳，开启了长沙临大的寻访之旅。秋天的长沙美极了,大有"看万山红遍,层林尽染;漫江碧透,百舸争流"的酣畅感。一路上人流如织,一片繁荣,昔日的青年学子在长沙经历的流离和艰苦仿若被尘封得一点迹象都没有了,这不得不让人惊叹于世事变迁之快、之巨。如今的长沙已经是年轻人非常向往的城市了。看到此情此景,不由感慨,历史和当下,真是太耐人寻味。

长沙临大办学点在长沙有三处,分别是:韭菜园圣经学院、岳麓书院和曾经工学院所在的湖南大学。几十年过去,曾经的长沙临大变成了什么模样?

我先到的是圣经学院,经过几番打听才知道,这里已经变成了湖南省人民政府机关二院三号办公楼。红色的外墙掩映在青葱大树中,古朴气息扑面而来。据了解,这里在2008年翻修过一次,却没有大规模地改变它,基本保留了原貌。

站在办公楼门口,看着进进出出的人,我俨然看到了当年长沙临大的学子们,看到了年轻的屠守锷正夹着书本进出在这栋楼里。此刻,我在想,他当时是怀着怎样的心情在这里求学,我们已经不得而知,但是看到今天强大的中国,看到今天的太平盛世,他应该会感到很欣慰。

与圣经学院不同的是,岳麓山下那片校舍,如今还是迎来送往一批批年轻的学子。浸润在岳麓山下的大学城中,岳麓书院"惟楚有材,于斯为盛"的对联显得更加锃亮。这里还是一如从前的草木苍翠,文韵浓厚。

顺着岳麓山往上走,爬得大汗淋漓。沿着小路往山下走,不知不觉来到中南大学本部。在一片苍翠树荫中，我看到民主楼、和平楼，呈"工"字形伫立，红砖青瓦，楼内楼外一如长沙临大时期的模样。

随手"逮"住一位从楼里走出来的学生，我问道："同学，你知道长沙临大吗？"

"知道，知道，我们老师跟我们讲过，说是曾经就在这栋楼里办过学。"年轻小伙子朝气蓬勃，继续说道，"听说是著名的西南联大的前身。"

"是的是的，你知道的还真不少哩。"我朝他竖起了大拇指，接着问，"你还了解些什么？"

"每次听老师说这段历史，我都感觉到一股力量，老师说，那个时代的学习条件很艰苦，但是这批人后来几乎都成了各行各业的领军人物，很了不起。我就想，我们现在学习条件好了很多很多，我们要更加努力，'数风流人物，还看今朝'嘛！"小伙子侃侃而谈，他所说的那股力量瞬时间又转移到了我这个听众的身上。"知行合一，求是躬行为民主；刚毅坚卓，自强不息为和平。"民主楼、和平楼的题中之义，在今日社会同样适用。

离开民主、和平二楼，我内心久久不能平静。此时已是正午，许是正好下课，学生们三五成群地从不同的教学楼走出来，说说笑笑，神采飞扬，意气风发，青春洋溢。我不由感慨，时过境迁，时代已变，有些东西却没有变。比如，青年强则国强。当时的青年们和眼下的青年们终究都会成为国家的栋梁之才。

长沙临大虽然存在时间不长，如昙花一现，但这昙花一现的精气神却永远存在长沙这片土地上，存在一代又一代青年学子心中，并将一直存在下去，成为一道光芒，一种力量。

往西走，心向阳

时间回到1938年，长沙终究是待不下去了。

是救亡还是上学？是留在长沙还是去更偏远的云南？在当时引起了很大的争论，张治中将军曾反对迁移，陈诚将军则主张迁移。最终，由于南京陷落，武汉和长沙告急，政府还是决定将临时联合大学迁往更加偏远的昆明。

三条前往昆明的新路线公布了：一条是乘火车经广东、香港，接着乘船到越南的海防，再从河内乘火车到昆明；另一条是乘坐汽车从长沙到桂林，再经柳州、南宁到越南，最后经滇越铁路到达昆明；第三条是直接从长沙徒步穿越湘西、贵州等地去昆明，行程3000多里。

针对这三条线路，该如何分配学生？长沙临大作出了安排。部分女生、绝大多数教师及家属、少许体弱的男生走第一条路线；十几位教授、经济条件较好的男生和少数女生走第二条路线；身强体壮的男生则由部分老师带队步行。这样的安排科学合理，大多数人表示赞同。

其实，听到要徒步去昆明的消息之后，很多男生早已心潮澎湃、跃跃欲试了，其中就包括屠守锷。他想着，徒步3000多里，不仅可以省去乘船乘车的费用，还能够脚踏实地地看看我们国家的大好河山。此外，走路还能增强体魄，锻炼意志，可真是一件一举多得的事情。

男生们争先恐后报名。最终经过体检筛查，244名男生身体状况符合要求，被选入了旅行团，屠守锷自然名列其中。教师志愿者11人，其中包括闻一多、袁复礼、黄钰生等名师。旅行团被命名为长沙临时大学湘黔滇旅行团。

临时联合大学还针对徒步旅行团制定了宗旨：借以多习民情，考查风土，采集标本，锻炼体魄，务使迁移之举本身即是教育。

从这一宗旨我们不难看出，临时联合大学对徒步寄予了厚望，也希望将"课堂"搬到实践中，让徒步成为教育的一项内容。对于屠守锷这些青年学子而言，事实却也如此。徒步过程无疑是艰辛的，可徒步的内涵却丰富而深刻。

为了让徒步顺利进行，旅行团采用了军队般的管理办法。首先，旅行团团长就是由老兵黄师岳担任。黄师岳，曾在冯玉祥的麾下当过兵、带过队伍、打过仗，在华北担任过指挥官，是一个作风正派、管理严格的人。对旅行团，黄师岳同样采取的是军事化管理，在他的手下还配有一名中校、两名少校，如此一来，管理力量就很过硬了。闻一多、曾昭抡、李继侗、袁复礼四位教授与学校派出的指导员黄钰生共同组成辅导委员会。

旅行团分为三个大队,每个大队又分为三个中队,每个中队分为三个小队,中队长和小队长从学生中产生。黄师岳的三名助手各自管理一个大队。一支纪律严明、分配科学的学生军就这么被武装起来了。

出发之前,学校给每人发了军装一套,绑腿、草鞋各一双,油布伞一把,限带行李八公斤——基本是路上必需的生活用品。1938年2月20日,旅行团正式从长沙出发。他们在途中会遇到怎样的艰难险阻呢?那可真是一径跌宕起伏的旅程。

初春阴雨绵绵,200多名学生在几位老师的带领下,脚踏草鞋,行进在泥泞的湘北大地。计划第一站乘船往西北到常德,第二站则从常德开始步行。但变化总比计划快,由于河水太浅,船无法正常前进,旅行团只得从2月22日就改为步行。步行的第一天走了20公里,行程着实辛苦,有人一天走下来脚上已经打起了水泡。

头几天天还下雨,学生们撑开油布伞,可细雨似乎没有停止的意思,为了行走方便,大家将伞往背后一搁,干脆不撑了。在雨中行走一天下来,往往棉衣都湿透了,师生们就到宿营地拢起一堆火,烘干,第二天接着穿。

在这支特别的队伍中,闻一多又显得尤为特别。他不穿军装,不穿短袄,一路上总是套着那件灰布长衫。这时候的闻一多虽然年轻,却已经是著名教授。"五四"时期他是清华的学生领袖之一,1922年赴美国留学,回国后成了著名的"新月诗人"和大学教授。这次参加旅行团是他自己要求的。

"闻先生,像您这样的大教授,怎么放着火车、轮船不坐,和我们一起走路?"能跟大名人同路,有学生不免好奇和欣喜。

闻一多笑了笑,说:"火车我坐过了,轮船我也坐过了。但对于中国的认识还是很肤浅。"他抖了抖长衫上的雨水,接着说,"今天,我要用我的脚板去抚摸我们的国土。国难当头,我们这些'掉书袋'的人,应该重新认识中国了!"

屠守锷听着闻一多教授的话,默默地点了点头。问题不是他问的,一路上他都处于一种沉浸的状态,话不多,却思想活跃。活跃地捕捉一路上的风土人情,活跃地听老师和同学聊天,活跃地将所见所闻装进心里。出生在浙江的屠守锷从小领略着中国江南水乡那份小家碧玉的清秀,之后到北京,又看到了首都的恢宏与厚重。这次在湖南跋山涉水,中部山乡的钟灵毓秀让他大开眼界。层峦叠嶂的山丘仿若一幅幅水墨丹青,山上苍翠的树木和五颜六色的花朵是最灵动的点缀,隐藏在山水中的山里人家,以及他们青瓦上升腾的炊烟让一切显得更为亲切。此时尚且严寒,勤劳的农民却已然在地里山头忙活,菜地翻出了新土,洋溢着生机。

多么生机盎然的湖南农村啊!有那么一瞬间,屠守锷都忘记了自己是在躲避战乱,被迫迁徙。如果没有战乱,这一切该是多么温馨祥和。

可现实马上将一切打回原形。到达常德之后,空袭警报声此起彼伏。"隆隆""呼呼"搅扰得徒步旅行团心神不宁。

"可恶的侵略者！"屠守锷在心里对着天上盘旋的轰炸机恶狠狠地骂了一句。

虽然空袭警报不断，学生们却总体镇定自若，踏踏实实走着脚下的路。有轰炸机，他们就躲避起来。安全了，又加快前进的步伐。不知不觉，已到常德地界。

"土地平旷，屋舍俨然，有良田美池桑竹之属。阡陌交通，鸡犬相闻……我们既然来到常德，怎能不去桃花源看看？"有不少同学提议要去桃花源看看。

旅行团充分尊重学生们的意见，在常德放假一天，这可把青年学子们高兴坏了。大家决定乘船去桃花源看看，看看是否"别有洞天"。

眼下正是桃花开放的季节，桃花源的桃花自是名不虚传。粉嫩娇艳的花朵挂在枝头，给尚且有些寒冷的早春平添了一份热烈。大部分男学生对花没多少兴趣，他们的目光聚焦在洞穴上"秦人古洞"几个字。

"难道这里就是桃花源的入口？"有人疑惑地问道。

"咱们进去看看？"有同学已经急不可耐。

"看，这里还有字呢！"有同学对周边环境更感兴趣。只见洞前有池塘，有亭子，还有一块石碑，石碑上刻着字。"桃源在何许？西峰最深处。不用问渔人，沿溪踏花去。"这位同学对着石碑念了起来。

这首诗是中国明代著名哲学家王阳明写的，诗中内容颇具哲学意味。大家都知道世外桃源不存在，可又都憧憬着有世外桃源。

"若无此次旅行,我等怎知祖国河山如此壮美啊!"有同学感慨。

站在一旁的屠守锷此时心里五味杂陈。这些天的徒步,他看到了祖国的大好河山。如果天下太平,如果国家繁盛,那么,在中国的农村,未必没有《桃花源记》中的世外桃源。可眼下,战乱纷纷,我们的国家亟待强盛。这让屠守锷深深认识到自己肩膀上的担子有多重,他希望有一天,中国农村处处都是世外桃源。

将桃花源周边观览一番之后,同学们打道回府。又听得天边传来无规律的空袭警报声,这声音与眼前的美景极不相称,但同时也提醒着大家,眼下还不是享受和流连的时候,他们还在逃难,我们的国家亦深处水深火热之中。

学生们的天职还在于学习。旅行团并未忘记自己的职责,一路走来,他们除了欣赏壮美风景外,更重要的还是了解风土人情和社会现状。史学工作者团队由三个学校各派一人组成,他们的任务是收集各种资料,包括教育状况、行政沿革、奇闻轶事、风土人情等。他们发现,每一处的历史情况都有所不同,而这些正是厚重的中华文明不可或缺的内容。社会学系的学生调查农村当地生产、生活状况;地质学家袁复礼几乎一路都在不停地敲石头,地质学系的学生每到一处都试图挖掘当地蕴藏的矿藏;教育学系的学生则热衷于搜集地方民谣,研究地方方言;动物、植物系学生的事情则更多了,路上遇到的各种各样的昆虫、动物、植物，都是他们的研究对象；经过矿区的时候，曾昭抡和理工学院的同学，指导当地的矿工冶炼……如此各司其职，学生们在老师们的带领和指导下，旅程忙碌而充实。

虽然走得并不快，跋山涉水却仍是艰辛无比。脚板起泡的学生越来越多了，每人随身携带的几双草鞋也一双双地破了洞。但是说也奇怪，一开始还有身体素质差一点的学生为行程的劳累而身体吃不消，走着走着，这群学生却越来越有精神了，到后来，就算是患病的学生也几乎不再乘车。实践真是最好的老师，同学们在徒步中突破自我，挑战自我，一个个磨砺成了更加能吃苦耐劳的青年。

闻一多在自述中回忆这段经历时说道："国难期间，走几千里路算不了受罪。再者我在十五岁以前，受着古老家庭的束缚，以后在清华读书，出国留学，回国后一直在各大城市教书，过的是假洋鬼子的生活，和广大农村隔绝了。虽然是一个中国人，而对于中国社会及人民生活知道的很少，真是醉生梦死啊！现在，应该认识认识祖国了。"

1938年4月28日，湘黔滇旅行团结束3000多里的行程，到达昆明新学校——西南联大校址。此时，距离出发时间已经过去68天。队伍做了最后一次点名，一个不少之后，黄钰生团长将284名学生的名册交到了梅贻琦校长的手中。

两个多月的时间，跨越三个省份，旅行团的师生们目睹了湘西神秘的风貌和严重的匪患，穿过了贵州山区的迷蒙瘴气,目睹了云南的罂粟地……这一段艰苦的跋涉对他们每个人而言都是一次难能可贵的洗礼,正是这一段经历,让他们更深刻地认识到自己肩上的重担。从此,他们看待社会、分析事物,有了更接地气、更切实际的视角。

屠守锷作为旅行团的一员,感受跟同学们一样。在路上,他们也时常听到从前线传来的抗日军民的英雄事迹,这些无疑都为他们打了强心针。特别是屠守锷,他越发认识到工业救国的重要性。

1938年4月,长沙临时联合大学改称为西南联合大学(简称西南联大)。值得说明的是,在西南联大办学史上,仍旧以1937年11月1日,在长沙组建成立的国立长沙临时大学的开学之日为校庆日。这或许也说明,从长沙临大到西南联大,其理念和思想是一脉相承的。

又是一日太阳升起,平凡却伟大的故事一如既往,在中国的土地上破土而出,拔节生长!

永远的西南联大

"改!改!改!你还想要我怎么改?"梁思成已经忍无可忍,他冲进梅贻琦的办公室,把设计图纸狠狠地砸在梅校长的办公桌上。

梅贻琦愣了半天，话到嘴边又咽了回去，一句话都没说出来，他实在不知道从何说起。

"茅草屋！这不是每一个中国农民都会盖的吗？要我梁思成来做设计干什么啊？"梁思成声音有些颤抖，继续冲梅贻琦嚷嚷道。

将梁思成扔在桌上的图纸一张张收好后，梅贻琦冷静地望着眼前这位因气愤而脸色发白的大建筑学家，说："思成，国难当头，你就不能谅解一下吗？"

"谅解？"梁思成伸出五个指头说道，"我……我已经修改到第五稿了，从高楼到矮楼，从矮楼到平房，现在又要我去盖茅草屋。茅草屋就茅草屋吧，你们知不知道农民盖一幢茅草屋要多少木料？而你给的木料连盖一幢标准的茅草屋都不够啊！"说完，梁思成一屁股坐到椅子上，长叹了一口气。

"正因为如此，才需要土木工程系的老师们对木材的用量严格计算啊。你想想，没有这些茅草屋，学生们就要露天上课，风吹，日晒，雨淋。"梅贻琦拍了拍梁思成的肩膀，语气温和得不能再温和，继续说道，"思成啊，大家都在共赴国难，以你的大度，请再最后谅解我们一次。等抗战胜利回到北平，我一定请你来建一个世界一流的清华园，算是我还给你的谢礼，行吗？"

梅贻琦的声音不大，却字字句句清晰明白，梁思成听着，心又一次软了。回到办公桌前，他抱着脑袋稀里哗啦地哭了

43

起来，像一个受伤的孩子……

对一个建筑学家而言，一次次删减自己的设计成果无疑是痛苦的，就像一个作家满心欢喜捧着自己的得意之作，最后被改得面目全非一样。

对话发生在1938年的西南联大。当时，著名建筑学家梁思成、林徽因夫妇也到了昆明。梅贻琦请梁思成夫妇为西南联大设计校舍，两人欣然受命，整整花了一个月时间，拿出了第一套设计方案，一个一流的现代化大学赫然纸上。当两人正为自己的设计而"沾沾自喜"时，设计方案却很快被否定了。原因是西南联大不可能拿出这么多经费。

此后两个月，梁、林二人把设计方案改了一稿又一稿，几乎每改一稿，林徽因都要掉泪，但也很无奈。当梁思成夫妇交出最后一稿设计方案时，建设长黄钰生还是摇头，而且很无奈地告诉梁思成：经校委会研究，除了图书馆的屋顶可以使用青瓦，部分教室和校长办公室可以使用铁皮屋顶之外，其他建筑一律覆盖茅草，土坯墙改用黏土打垒，砖头和木料使用再削减二分之一。

"思成，你就再作一次调整吧！"黄钰生怪不好意思地说。梁思成这才忍无可忍，直接跑到梅贻琦校长办公室"讨说法"。

跟在长沙一样，迁至昆明的西南联大条件十分艰苦。西南联大教授任之恭在《一个华裔科学家的回忆录》里如是写道："这个大学在最初创立时，除了人，什么都没有。过了一些时间，都有了临时的住地，或靠借，或靠租。一旦有了土地，便修建许多茅草顶房屋，用作教室、宿舍和办公室。"

校舍是由著名建筑师梁思成、林徽因夫妇设计的茅草屋。就是在这样一间一间的茅草屋里，1938年5月4日，西南联大在昆明正式开课。谁也没有想到，这所简陋的学校，最终会成为中国办学史上不可复制的奇迹，为我国的发展培养了一大批先驱人物。

西南联大教授华罗庚在自述中回忆这段经历时写道：

> 40年代的前半叶，在昆明城外20里的一个小村庄里，全家人住在两间小厢楼里，食于斯，寝于斯，做研究于斯。
>
> 晚上，一灯如豆。所谓灯，乃是一个破香烟罐子，放上一个油盏，摘些破棉花做灯芯。为了节省点油，芯子捻得小小的。晚上牛擦痒痒，擦得地动山摇，危楼欲倒，猪马同圈，马误踩猪身，发出尖叫，而我则与之同作息。那时，我的身份是清高教授，呜呼，清则有之，清者清汤之清，而高则未也。

正是在这样的环境中，华罗庚完成了第一部学术专著《堆垒素数论》。多年以后，他被誉为"中国现代数学之父"。

经济十分窘迫的时候，闻一多甚至卖文和替他人制印支撑生活。刻章一枚可以支持一家人好几天的伙食。也正是在这样的环境下，闻一多体会到了老百姓需要什么，是什么原因造成的窘迫，他的思想也在开始慢慢转变。闻一多在自述中写道：

> 我这一二十年的生命，都埋葬在古书古字中，究竟有什么用？现在，不用说什么研究条件了，连最起码的人的生活都没有保障，国家糟到这步田地，我们再不出来说话，还要等到什么时候？

然而，就是在这段特殊的时期，催生了我国大批奠基性成果。费孝通写作了《禄村农田》，王力出版了中国现代语言学的奠基之作《中国现代语法》，罗庸写出了《鸭池十讲》，吴宓用英文写作了《世界文学史大纲》，还有汤用彤的《汉魏两晋南北朝佛教史》，赵九章的《大气之涡旋运动》，冯景兰的《川康滇铜矿纪要》，周培源的《湍流论》，等等，都完成于这一时期。

老师们的生活尚且如此窘迫，学生们的学习条件可想而知。然而，老师们在这样的窘迫中潜心学问的精神，又让学生们深受影响。眼下，我们且跟着屠守锷他们去看一看，在西南联大，学生们到底是怎么上课的？又学习了一些什么内容？

随着西南联大正式开课，屠守锷他们颠沛流离的大学生活算是告一段落。后来，很多西南联大的校友认为，这所特别的学校糅合了"北大的主动自由、清华的活泼进取、南开的踏实严谨，形成了学生自发进取的性格、认真求知的态度、主动自发的行为"。这种糅合对屠守锷,对所有西南联大学子的影响是至关重要、影响一生的。

西南联大有近3000名学生,5个学院,26个系,是当时人数最多,也是最大的综合性大学。三所学校雄厚的师资使得每个专业,即便是再冷门的专业都能够好好开办。学生们想好了自己想学的课程,可当他们看到贴满总务处办公室墙壁的课程时,一个个又都有种"这也想选,那也想选"的冲动。可毕竟鱼和熊掌不可兼得,那么多课程,不可能都选。于是,好学的青年们选择旁听,旁听自己没有选又感兴趣的课程,旁听生也一度成为西南联大一道别致的风景。

屠守锷所在的工学院是西南联大仪器和设备配置最为齐全的学院之一,这让屠守锷非常兴奋。为什么能做到这样?主要还是因为工学院是在清华大学工学院战前十年的基础上建立的。早在1935年,清华工学院就将约莫三分之一的设备转移到了南方。也正因为此,屠守锷才能够在昆明继续做空气动力等实验。

西南联大的教学以理论联系实践,理论服务于应用为总体方针。屠守锷所在的机械工程系,学生们在读大三、大四时,就被派到当地的电厂、机械制造厂、飞机维修厂等当地工厂实习。屠守锷在大三时被派往飞机修理厂实习了一段时间。这种做法是一举多得的,一方面,学生们在实践中提高了自己的动手能力,开动了脑筋,锻炼了解决问题的工作思路;另一方面,有着专业知识的学生们深入一线工厂,很好地补充了当时工厂在人才方面的紧缺,对战时国家的发展有着立竿见影的现实意义。

如今再回过头来看西南联大,我们会为这一段中国教育史上的奇迹而惊诧不已。当时,物质条件匮乏,空袭警报不断,集结了大批知名人士的西南联大却在战火中坚持了下来。教师们本可以去国外享受更优渥的生活,拿更丰厚的薪水,可是他们没有,他们坚持守着贫穷的西南联大,教育国家青年,这,或许是战乱年代最可贵的爱国精神,最坚挺的知识分子风骨。而这种精神和风骨也影响了诸如屠守锷这样的,当时在西南联大读书的学子们一生。我想,屠守锷最终放弃美国优渥的条件回到祖国,跟他在国内所受的教育不无关系。

1943年,英国学者李约瑟主持的"英国文化科学委员会驻华使团"访问云南,李约瑟在《中国报告》中写道:

> 中国科学工作者在自己国家的边远地区坚持研究,表现出顽强的毅力和勇气。在逆境中,他们表现出非凡的乐观与豁达。

在2011年3月21日,94岁高龄的屠守锷接受《社会观察》采访所说的话中,我们也可以窥见一二。他说:"清华校风很好。我1936年考上清华,1937年日本侵略中国。清华先是迁到长沙,后又转移到昆明,我们就跟着学校跑。我感觉清华的学风是特别能吃苦。在那样动乱的时期,同学们坚持学习科学文化知识，坚定信念将来要报效祖国。"

由此可见，屠守锷报效祖国的信念在读书的时候已经很明确，之后的出国深造和学成归来都是他必然的选择。

几十年过去了，当我们来到西南联大旧址，不由感慨，短短八年时间，这所创造了无数奇迹的学校是多么了不起。不，了不起的不是学校本身，而是那个时代下催生的知识分子和他们的求学精神。

西南联大，虽人去楼空，精神却永垂不朽。

出路与归途

大学生活在颠沛流离又充实饱满中转瞬即逝。1940年夏，屠守锷从西南联大获得了航空工程学士学位，背朝校舍面朝社会，他迈出了转折性的人生步履。

毕业后走向社会才是对青年学子最严格的考验，是骡子是马，一旦投入应用之中，便很容易见分晓。屠守锷学的是航空专业，毕业意味着就业，他以为自己施展身手的机会来了。对，他没忘记，自己曾经立下了多么远大的目标：要制造出中国人自己的飞机！

令他没想到的是，理想很丰满，现实很骨感，真正的社会跟一个懵懂少年所想象的社会完全不一样。理想，像坠落的石头，被重重地摔在地上。

时间回到1940年夏，刚刚毕业的屠守锷意气风发地走进了成都航空研究所，这是他的第一份工作。无独有偶，也是在这一年，钱学森受聘为成都航空研究所通信研究员，这是他在国内任职的第一个头衔。

钱学森，1911年出生，比屠守锷大6岁。说到"两弹一星"，中国人几乎无人不知钱学森。这位航空航天领域的领军人物是我国空气动力学家、系统科学家，工程控制论创始人之一。毛泽东主席曾评价钱学森："美国人把钱学森当成五个师，在我看来，对我们来说，钱学森比五个师的力量大多啦。"

从这时候起，钱学森、屠守锷这两位科学巨擘其实就有了时空上的交集，这是缘分的巧妙之处。只是如此年轻的他们怎么也不会想到，在后来的很长一段时间里，他们会为中国航空航天事业的发展深度合作，这是后话。

事实上，在成都航空研究所聚集了一大批像钱学森、屠守锷这样怀着工业救国理想的青年才俊，以至于他们能用摩托车板做蒙皮，制造出了一架教练机。

坐在这架教练机上，屠守锷从窗户口望向外面，一片浩瀚。

"守锷，坐飞机的感觉很不一般吧？"一同试飞的同事问他。

"这是我第一次乘飞机，这感觉，太令人激动了。"屠守锷望着窗外湛蓝的天空，随着飞机的上升，他感到一种前所未有的失重，这失重感让他开心，让他兴奋。

"唉，我们的飞机终归还是太初级，要是哪天能造出欧美国家那样的飞机就好了。"同事感慨道。

这话勾起了屠守锷的回忆，他又想起了日本侵略者的轰炸机，当时，他们就是在这样的空中向我国的土地和人民扔炸弹的，愤怒油然而生，他收起了激动的笑容，表情凝重起来。

"我们一定能造出先进的飞机，不仅要造飞机，还要造火箭，我们终有一日要做得比他们更好！"屠守锷笃定地说，此时的他大有"初生牛犊不怕虎"的豪迈。

突然，飞机颠簸了几下，驾驶员迅速调整策略，准备迫降。飞机上的试飞人员都被吓出了一身冷汗。待到飞机平安着落，惊魂未定的屠守锷这才回过神来。他的心绪此刻更沉重了，这是他参与制造的飞机，在当时能够制造成功实属不易。这本是一件很让人自豪的事情，可是，当他在试飞中亲身经历这场不大不小的风波时，他清楚地认识到眼下所制造的飞机是多么粗糙和低级，完全无法跟国外的先进制造相抗衡。他的理想和憧憬也如这架飞机一样，被实实在在存在的问题击落在地。如何改进？屠守锷感到无计可施。资金缺乏、战火频仍，这些都是飞机制造的阻碍因素。更重要的是，自己在知识本领上有太多局限，一种无力感袭来，屠守锷感到备受打击。

半年之后，屠守锷不得不离开研究所。一是，在当时的情况下，研究所苦苦支撑，教练机制造出来了，却没有实质性工作可开展，屠守锷觉得自己没有用武之地；二是，在20世纪三四十年代，一股出国深造的热潮兴起，深感自己知识匮乏又有着强烈求知欲和报国热情的屠守锷也坚信应该选择这条路，他想出国学习世界先进技术，再将先进技术带回祖国。关于这一点，他在清华大学，在西南联大，在很多师长前辈身上都看到了希望。

公费出国政策的恢复给屠守锷带来了一个绝佳机会，成绩优异的他参加了去美国留学的考试，并且获得留学美国的资格，专业依旧是航空工程。为什么说是"恢复"？其实，在这之前的1933年至1936年，清华大学曾招收留美公费生四届，其中，第二届的钱学森学的就是飞机结构专业。1936年之后，战争形势愈发严峻，清华大学南迁，招收留美公费生的工作不得不停止，到1940年才恢复。屠守锷就是恢复后的第一年考上留美公费生的，与钱学森一样踏上了漂洋过海奔赴美国的学习之旅。

说起"公费留美"，其发展根源还要回溯到更早以前。所谓"公费留美"，指的是"庚款留美"。1900年（农历庚子年），义和团运动爆发，八国联军攻入北京，此后中国被迫分39年向八国赔偿白银四亿五千万两，史称"庚子赔款"。在这笔赔款中，美国分到了2400多万美元，加上利息，总计约4600万美元。1909年，美国国务卿海约翰声称"美国所收庚子赔款原属过多"。当时的驻美公使梁诚也发现，美国得到的这笔赔款超出了实际赔偿款许多。梁诚其人，早年留学美国，且就任公使期间，他带了一批留学生出去，一直有意为中国培养人才。在美国期间，他与多位美国政要交好，当他发现美国在庚款赔偿上松了口，便施展外交才能，多方斡旋，要求美国政府将所获不实的部分还给中国。同时，梁诚也清醒地意识到，即便美国同意退款，也不会干脆地还钱，却很可能变相地利用这笔钱为自己牟利。反复思考后，梁诚建议用这笔钱向美国派遣留学生。梁诚的建议被美国政府接受，之后，美国将退还的庚款主要投放在中国的教育、文化事业上。

"庚款奖学金"设立于1909年，1911年建立的清华学堂，次年改名为"清华学校"，实际上就是一所"公费留美"预备学校，专门负责遴选和派遣留美学生。1928年北伐胜利，"清华学校"又更名为"国立清华大学"，清华基金也归入中基会管理。之后，清华系的留学活动仍在延续。1932年成立"清华公费留美招考委员会"，由校长梅贻琦牵头，除教员达五年教龄即可资送出国读学位或进修外，从1933年起"清华公费留美招考委员会"受教育部委托，在全国招考留学生。

"庚款留美"设立之初，美国的算盘打得精明，他们其实是希望利用这笔从中国掠夺的款项培养一批受美国教育的中国精英，在精神层面继续影响中国的未来。客观上，透过历史长河来看"留美公款"，我们会发现，它确实为中国培养了一批先进人才。美国人可以精明地计算金钱，计算成本，甚至计算留美的名额，却谁都无法计算人心。留美的中国人中不乏爱国人士，即便美国教育、工作、生活等方方面面条件优渥，他们的心却依旧扎根祖国，千方百计也要回到中国，建设中国。比如钱学森，比如屠守锷……后来所发生的一切都给了我们肯定的答案。

时间回到1941年，屠守锷成为留美公费生，来到了国际一流学府麻省理工学院。在这里，他学得了一身本领，毕业之后来到美国纽约的布法罗寇蒂斯飞机制造厂工作，亲身参与了美国的飞机制造。随着1945年日本无条件投降，一心报国的屠守锷迫不及待，历尽艰难回到了祖国，开启了他全新的人生路途。

一切，似乎才刚刚开始，如一轮旭日，才在东边的山峦间冒出一束光芒。只是我们知道，那轮旭日正冉冉升起，它即将冲破云层，放射光芒，照亮这片热血沸腾的土地。

第二章　拔节生长的梦想

　　1957年2月，正当壮年的屠守锷跨进了国防部第五研究院的大门。从高校讲台转向航天领域，导弹、火箭、航天等名词从此深深刻印在了屠守锷的生命中，成了他一生的"主旋律"。没有资料，没有图纸，甚至连导弹都没见过，一开始展现在眼前的中国航天是"一穷二白"的苍凉景象。如何将"一片空白"建设成"枝繁叶茂"？屠守锷等第一代中国航天人在极为有限的条件下，既当研究员，又当新学生，跟先进者学习，在混沌中摸索。当苏联投来橄榄枝，屠守锷等第一代航天人欣然接受，于先进中汲取养料，于仿制中勇往直前。当"洋拐杖"无情抽离，屠守锷等第一代航天人亦欣然接受，于艰难中谋求出路，于困境中开拓进取。功夫不负有心人，当发射中心赤焰绽放，火箭利剑般腾飞浩宇，属于中国的"争气弹"终于让世界瞩目。此时，青涩青年已成中坚中年，重任在肩，目光笃定，远望前程，那里一片浩瀚，辽阔无垠。他坚信，中国航天必将迈向新辉煌。

杏坛新绿

阔别祖国四年之久，再见已是另一番景象。

1945年的中国是什么样子？用"水深火热"来形容也不为过。刚刚赶走日本侵略者，又旋即陷入了内战的硝烟之中，战争已经让国家满目疮痍，民不聊生。

怀着建设祖国的理想重归国家的屠守锷，此时心情无比沉重。他知道，在战争的硝烟中，发展科学和工业无疑是痴人说梦。满腔热情被泼了一瓢冷水，屠守锷浑身凉飕飕的。他着急啊，自从在美国接触和看到他们的先进技术后，他就愈发认识到国内在航空航天技术方面的落后，他回国就是想要把自己学到的知识应用到实践当中。几年过去，眼下的中国比他几年前离开时还要疲弱。在严酷的现实面前，他不得不思考，到底怎样才能实现工业救国的初衷？

　　一开始，屠守锷是迷茫的，甚至要到哪里去工作他都没有眉目。周周转转，屠守锷想到了那个亲切而熟悉的名字——西南联大。马不停蹄，他来到了这所屹立在战乱中的学校。还是那么浓厚的学习氛围，还是那么亲切的校园校舍，多日来眉头不展的屠守锷终于舒展开了一丝笑颜。在美国这几年，他经常在梦里见到西南联大，见到自己的老师和同学。这回终于又回到故地，怎能不感慨万千！屠守锷迫不及待地去见了自己的老师。

　　"咚咚咚"，屠守锷敲响了西南联大航空工程系主任王德荣办公室的门。

　　"守锷？！"一眼看到自己的得意门生，王德荣一脸欣喜，连忙站起身迎了上去。

　　"王老师，您好！"见到老师，屠守锷彬彬有礼地给王老师鞠了个躬，他心里欢喜，脸色却依旧平静，恰如他的个性，严谨且克制。

　　王德荣分明看到，自己的学生屠守锷虽然还有着几分青涩，却已然跟早几年读书时候的模样有了许多变化，脸上多了几分沧桑、沉着、睿智。他知道，这几年的海外生活对屠守锷的影响是颇深的。

　　"守锷啊，你能回来可真是太好了！"王德荣拉着屠守锷的手，一起坐到了椅子上，问道："听说你去麻省理工进修了，学的什么专业？这几年过得好吗？"

"老师，我在麻省理工学的航空，正想跟您汇报一下情况……"见到自己的老师，一向话不多的屠守锷打开了话匣子，将在美国的学习和工作以及生活都一五一十地跟王德荣说了一遍。

"好！好啊，守锷，你能到国外学习先进技术，又还能放弃优渥的条件历经千辛万苦回国，这非常好。不愧是西南联大的学生！"王德荣握起屠守锷的手，重重地拍了几下他的手背。作为系主任，王德荣正为引进人才的事情发愁。屠守锷的到来让王德荣萌生了一个想法，他试探性地问："你今后有什么打算？"

"老师，我本想投身航空科研和实业，但现在战火频繁，恐怕也没办法发展啊！"说起这话，屠守锷的表情又凝重了起来。

屠守锷的话让王德荣打定了主意，他开门见山地说道："守锷啊，你说的话很在理，老师也明白你的想法，你是个想干实事的人。不过眼下做研发难，我倒是有个主意，不知道你感不感兴趣？"

"老师请讲！"屠守锷望着老师。

"我们航空工程这块正需要老师，你何不把满肚子知识先用来教书育人？这也算是为我们的国家储备后续力量啊。以后有机会了再去做自己想做的事情！"

听了王德荣的话，屠守锷瞬间觉得眼前一亮，兴奋得用手拍了一下大腿："老师真是一语惊醒梦中人啊，这样甚好，甚好!"

打定了主意回到西南联大教书,师徒俩都满心欢喜。接下来的时间里,屠守锷先在学校附近安顿下来,王德荣则忙上忙下,介绍自己的得意门生入校教书。在当时,西南联大实行教授治校,由教授直接聘请老师,而不是校长聘请。这种模式让屠守锷进入西南联大任教变得很简单。

1946年2月,西南联大航空工程系副教授屠守锷走马上任了。这一年,屠守锷才29岁,是西南联大最年轻的副教授。

屠守锷教学生涯开设的第一个专业课是结构力学。这个课程是西南联大新开的课程,此前并没有。而第一回上课的情景却让屠守锷终生难忘。

那一日,这位年轻的教授忐忑地走进教室。几年前,他怀着对知识的渴望无数次走进这间教室,那时候他心里除了憧憬,几乎毫无压力。这次显然不一样,为人师表,他总怕自己不能给学生们带去他们期待学到的知识。为此,他好几天前就开始备课。昨日大雨,滴滴答答的雨打在住所的窗台上,房间里的屠守锷也如这雨一样忙不赢,他正在模拟第二天的上课,已经反复模拟了好几遍了,他还是不满意。眼下夜已经深了,屠守锷用冷水洗了一把脸,还打算再模拟一遍。

不知道什么时候,屠守锷迷迷糊糊睡着了。等他醒来已经是第二天清晨,推开窗,经了昨夜大雨,空气格外清新,天空雾霭云翳仿佛也随着那雨给落没了,一片澄澈,眼看着要迎来大晴天。拾掇起书本,屠守锷朝教室走去。一路上,他还在默念着自己马上要讲授的讲义。

当屠守锷紧张地走进教室，眼前的一幕却让他哭笑不得。只见偌大的教室只坐着两个学生，显得那么空荡，空荡得有点荒凉和冷漠。好似一瓢冷水浇在炽热的平底锅上，"刺啦"一声，屠守锷都听到了自己跌落谷底的心。

可他是一位老师，旋即，屠守锷调整了心态，他看了看坐在教室的两个学生，他们那么年轻，眼神那么炽热，满眼的憧憬和渴望。当他的眼光跟两位同学的眼光对视时，他找到了一种知音般的默契。粲然一笑，屠守锷疾步走向讲台。此刻，他已经不再沮丧，教室不是还有两个学生吗？哪怕只有一个学生，他也要把课讲好。

"同学们，谢谢你们能来上课。结构力学，可能你们有点陌生。那么，为什么要开设这门课程呢？因为它是研制飞机，研制我们国家自己的飞机非常关键的一门学科……"那堂课，屠守锷讲得格外认真，也格外生动。

两位学生完全被眼前这位名不见经传的年轻教授吸引住了。他们聚精会神地听老师讲课，同时在本子上"唰唰唰"地做着笔记。

"同学们，我今天的课就讲到这里，你们有什么问题要问的吗？"课罢，屠守锷想听听学生们的心声。

"老师，现在的中国兵荒马乱，我们怎么才能把您说的这些理论应用到实际中呢？"其中一位同学站起来问道。

"不要着急，战乱总会平息，我们的国家终将恢复平静，到那时，百废待兴，正是我们要站出来的时候。现在我们先学好知识，到时候国家需要我们时，我们已经做好了充足准备。"屠守锷说。这话与其说是说给学生听的，不如说是说给他自己听的，因为这会儿他也正为自己满腔学识无用武之地而感到压抑。

"老师，您去过美国，看到过美国的飞机制造，您说说，我们能赶上欧美国家的水平吗？"另一学生接着发问。

这话让屠守锷意识到眼前这两位学生和他读书的时候一样，是发自内心地喜欢航空，也是真心希望为我国航天事业出一份力的。于是，他回答得更认真了。"所有的先进都是从初级开始的，欧美国家能，我们将来自然也能！别忘了，我们国家有伟大的四大发明，有博大精深的文化，有勤劳勇敢聪慧的人才。我们要有足够的自信赶上欧美，甚至超越欧美。"屠守锷握紧拳头，重重挥舞，仿佛握着坚不可摧的信念。

或许此时，一颗火热的种子已经埋进了两位学生的心里，他俩不约而同地说，要跟着老师努力学习先进知识，将来要为我国航天事业出力。

因内容精彩、新颖、丰富，屠守锷的课堂吸引了越来越多的学生。渐渐地，他也慢慢适应了教师这个身份，不再如一开始那么紧张，课也讲得一天比一天好。上过屠守锷课的学生几乎都觉得，这位老师讲课从不啰唆，总能切中要领，一堂课下来干货满满，都是可以拿着就用的知识。

几个月后，也就是 1946 年 7 月 31 日，国立西南联合大学停止办学。从1937年8月中华民国教育部决定组建国立长沙临时大学开始，西南联大前后共存在了8年零11个月。在这将近9年的时间里，这所传奇学校保存了抗战时期的重要科研力量，培养了一大批科研人才，为中国和世界的发展作出了无法比拟的贡献。

西南联大停止办学后，三所学校各自回迁。清华大学又迁回了那个风景宜人的清华园。曾经的清华学子屠守锷也随清华大学回迁，成为清华的老师。经历了战乱，经历了变迁，清华园仿佛蒙上了一层风尘仆仆的沧桑，等待着回来的人们拂去蒙尘。同时屠守锷分明感觉到，不论经历什么，清华园的风骨依存，精神依旧，似乎总有那么一股力量在激励和鼓舞着大家。

因为历史的缘故，清华大学带有浓厚的美国色彩，几乎所有清华人都会说几句英语，但是在课堂上他们却几乎不说英语，很显然，清华师生们热衷于传统的蓝布长衫远胜于美式的西装革履。这是一所开放包容的学校，这同时也是一所严谨爱国的学校，这所学校的气质影响着屠守锷，使得他身上有着浓郁的清华人的色彩。

1947年，屠守锷在清华大学升任教授。回到北平，在教学之余，屠守锷陷入了新问题的思索中。他时常想起自己当年随着联合大学迁移的过程中所看到的情景，比如，他刚从长沙出发就看到了一个身高只有一米出头的男孩坐在路边哭。

"小兄弟，你这是怎么了？"屠守锷走上前，蹲在小孩身边侧脸问道。

男孩扬起破烂的袖子拭了一下眼泪,抽抽噎噎地说道:"我,我脚受伤了,走,走不回家去……"

"你家在哪里?怎么这么小就离家出走了?"屠守锷坐在男孩身边,仔细打量着他,只见小男孩的脚已经磨出了血,浑身哆嗦着,在这寒冷的冬天,他却穿着一件破烂单薄不能蔽体的衣服。

小男孩停止了抽泣,一五一十地将情况告诉了屠守锷。原来,当地兵役繁重,国民政府的官兵经常突然袭击,挨家挨户地抓老百姓去当兵。小男孩16岁的哥哥因为抽上了鸦片,精神涣散,瘦成了皮包骨,别说当兵了,就连走路都摇摇晃晃的,没个人样。所以官兵来到他的家里头,见哥哥这个样子,就随手把才13岁的他抓了去当兵。当兵的地点很远,还没到目的地,他的脚就被磨得鲜血淋漓寸步难行。还好他的上级是个良知未泯的人,见他未成年,瘦得连枪都扛不动,就索性放他回家了。可是,回家路途也远啊,一个13岁的小孩,耽搁在这半路上,叫天天不应,叫地地不灵,饥寒交迫的时候想起了父母,便止不住地哭了起来。

听了小男孩的哭诉,屠守锷很震撼,心里很不是滋味。他轻轻抬起小孩的脚,帮他简单包扎了伤口,又鼓励他一番,待他情绪稳定了些才离开。望着小孩一瘸一拐茕茕独行的背影,屠守锷感到无可奈何,继而怒火中烧。

在后来的日子里,他还看到了不少类似的悲剧,也目睹了在国民政府治理下，鸦片泛滥，烟民成灾的惨状。此时的他已经认识到了国民政府的腐败，每每看到一些不平事总免不了生些无名火。

如今，经过了多年学习之后，他的思想发生了巨大的变化，见识也更接地气了。中国是一个有着几千年文化底蕴的国家，何以在近短短一百年的时间里沦落至如此贫穷落后的地步？时至今日，他终于想明白了，一切都源于腐败的政治。政治不变革，他的工业救国梦将永远只是个梦想。

中国的政治将何去何从？此时屠守锷心里已经有了答案。对国民政府的腐败，他看在眼里，恨在心里，已经不抱任何希望。反过来，共产党却给他一种完全不一样的气象，在共产党人的身上，他看到了一股新兴的希望。于是，他渐渐地融入先进青年的活动之中。作为一名年轻的教授，他跟青年有着广泛的接触，他认识到，那是一种蓬勃的力量。

中共北平地下党也关注到了屠守锷这个杰出的青年才俊，给他提供了更多接触党组织的机会。很快，马克思主义走进了屠守锷的内心深处。他认识到，只有中国共产党才能救中国，才能让自己工业救国的想法落地。

1948年12月，对屠守锷来讲，这是个特别的月份。因为，他光荣地加入了中国共产党，拥有了一个全新的身份——共产党员屠守锷。

"也就是从那时起，我才真正开始自己的事业。"屠守锷回忆道。

眼下，对屠守锷而言确实算得上是一种新生。本来沉浸在迷茫愁绪中的他，在共产党和马克思主义思想的感召下，逐渐认识到自己的责任和使命。

1949年10月1日，在这个万众瞩目的日子里，中华人民共和国成立了。身在清华大学的屠守锷异常兴奋，欢欣鼓舞。他知道，一个全新的局面即将开启。

新生的中国，全国上下一片生机蓬勃，这种改变深入到了每个领域，就连屠守锷所在的航空系也发生了变化。那是在1951年，国家对清华大学、北洋大学、西北工学院、厦门大学四所大学的航空系作了统一调整，合并为清华大学航空系。次年5月，中央军委再次对航空专业进行了调整，出台了《关于航空工业建设的决议案》，其中写道，以原有大学航空系为基础，筹建航空学院。具体来讲，是将清华大学航空系与四川大学、北京工业学院的航空系合并，成立北京航空学院。清华大学教授屠守锷被调任北京航空学院，先后担任副教务长、飞机系主任和院长助理。

这所北京航空学院就是现在的北京航空航天大学的前身，于1988年更名。1998年，此时已然功成名就的屠守锷向北京航空航天大学捐赠了30万元，以帮助品学兼优却家庭贫困的学生完成学业。捐赠时，他一再强调不要以他的名字命名奖励基金，由此，这笔奖励基金的名字设立为"宏志清寒助学金"。这是后话。由此也可见屠守锷对自己这段并不是很长的从教生涯很看重，对航空航天专业学子们非常关心。

至此，我们可以看到，中华人民共和国成立后，中国航空航天的气象大不一样了，国家对航空航天的重视可见一斑，这也是屠守锷喜闻乐见的。从西南联大只有两个学生的课堂，到课堂上学生座无虚席，屠守锷为我国航天航空教育事业作出的贡献是杰出的。从他的课堂上走出了一批杰出的航空专业人才，他们陆续走向了国家航空航天的各个领域，成为早期奠基者，为我国航空航天事业发展开疆拓土。

屠守锷的教书生涯并不长，很快，一个新领域向他抛出了橄榄枝，他的梦想终于得以落地生根，发芽开花，硕果累累。

国防新兵

1956年6月2日，中央军委办公室里座无虚席。

"开展导弹武器的研究、制造和技术人才的培养已迫在眉睫，国际上的技术援助还没有落实，但中央下了决心要搞，当前急需各类人才，请在座的各位大力支援，鼎力相助。"

说这话的是聂荣臻。这位在新中国建国史上功勋卓著的元帅，在20世纪50年代中期即被中共中央确定为具体领导和组织新中国科技工作的负责人。1956年，他被任命为国务院副总理，主管科学技术工作。这以后，聂荣臻元帅壮心不已，日夜操劳在我国的科学技术战线上。

会场大咖云集。我们来盘点一下当时参加会议的都有哪些人物：国务院秘书长习仲勋、国务院科学规划委员会委员兼秘书长范长江、总参谋部代总长陈赓、科学技术委员会主任黄敬……当然，还有我们所熟悉的钱学森。总计33人，大多都是科技领域的精英人物。

聂荣臻说完这番话之后，会场的气氛并不热烈，反而有些沉闷。没人响应！聂荣臻急了，他几乎是用恳切的目光环视了一圈与会者，语重心长地强调道："各位，这项工作对我国国防事业的发展至关重要，当真是迫在眉睫，大家一定要鼎力相助，推荐人才出来啊！"

大家你看看我，我看看你，又都低下了头。人才，在当时是多么稀缺的资源啊，新中国刚刚成立不久，国家百废待兴，基本上每个机构都是"巧妇难为无米之炊"，关键的人才，每个机构就那么几个，贸然抽走哪一个都会伤及筋骨。

"我就管着哈尔滨那个学院，我表个态，哈军工抽出6名教授以作支持，要哪个给哪个。"说话的是陈赓。这位豪爽的大将军对国防，对军队，都有着常人不可比拟的感情，他非常清楚导弹的研究对我国国防发展的重要性。作为一个久经沙场的军人，他深知强有力的国防力量对国家的强盛何其重要，怎么强盛？该有的先进武器我们必须要有！虽然由他一手创办的哈尔滨军事工程学院此时也正在广揽人才，亟待发展，抽出6名教授，那可不是个小数目，但陈赓还是从大局出发，决定慷慨地忍痛割爱。

陈赓的表态打破了会场的沉默。聂荣臻有些感激地望着陈赓："好样的,老陈,谢谢你!"

有了第一个声音大家就都纷纷发言了。

"搞尖端武器的重要性我们都知道,也都想支持。但现实是,每年就只分那么几个人才过来,我们恨不得一个顶几个用。老科学家是我们的'老母鸡',大学生是'新母鸡',我还指望着他们给我'下蛋'呢!"不知是谁,略带调侃地说了这么一番话。不过,"母鸡下蛋"的调侃倒是在很长一段时间里成了航天人的专用名词。

不过,调侃归调侃,艰难归艰难,最终大家都像陈赓将军那样,慷慨地抽调了队伍里的精锐支持国防事业。因为大家都知道,在当时我国所面临的国内外形势下研发高端武器势在必行,这也是我国阔步往前迈进的题中之义。

新中国刚成立,我国国内各行各业百废待兴。就在此时,朝鲜战争爆发。美国出兵朝鲜、派舰队进驻台湾等行径,其目的再明显不过,是想对中国形成包围之势,威胁中国的新生政权,狼子野心昭然若揭。面对美国的挑战,毛泽东主席号召:"全国和全世界的人民团结起来,进行充分的准备,打败美帝国主义的任何挑衅。"

雄赳赳,气昂昂,跨过鸭绿江。
保和平,卫祖国,就是保家乡。

中国好儿女，齐心团结紧。
抗美援朝，打败美帝野心狼！
……

当澎湃又激昂的《中国人民志愿军战歌》响起，我们的战士正背井离乡奔赴朝鲜战场。最终，在中国人民志愿军与朝鲜上下团结一心的努力下，打败了美国侵略者，给他们以重创。之后，气急败坏的美国政府又向台湾提供军事援助，特别是准备对我国进行核打击。这些都让共和国的领导人深刻认识到，必须要掌握尖端武器，特别是掌握核反击的能力，只有这样才能够让中国人民昂首挺胸地屹立在世界民族之林。

原子弹、氢弹、洲际导弹等名词频繁地出现在中共中央会议上。1956年初，国务院和中央军委将"发展火箭与喷气技术列为重点之一"的条款列入十二年科学技术发展规划。这年的2月17日，按照周恩来的指示，钱学森起草了《建立我国国防航空工业的意见书》，在这个意见书中，钱学森就发展我国导弹工业技术的方方面面提出了建议，只是，为了安全起见，钱学森将"火箭导弹"替换成了"国防航空工业"。经过多次会议研究后，1956年5月26日，中央军委作出了发展导弹工业的决定。

既是要发展导弹工业，国家就要在有限的条件下，集中人力、物力、财力办大事，于是便有了前面所说到的会议。

此时，屠守锷正在北京航空学院任教，这群朝气蓬勃的学生在屠守锷的眼中,正是国家的希望。他手把手地教授他们,希望他们跟自己一起为中国造飞机,构筑蓝天长城。

当国家紧急招募人才时,这位有着扎实专业基础的青年才俊自然而然被列入了抽调名单,他是被时任国防部五院院长钱学森亲自点名抽调的专业人才。

那日正是国庆节,从学校回来,屠守锷还沉浸在浓浓的节日氛围中,他还没落座,正怀着孕的妻子秋粟已经挺着大肚子过来了。

"守锷,你回来了,什么事这么高兴呀?"

"秋粟,你不知道,今天这个国庆过得真热闹,学生们都说要为国家的繁荣昌盛出力呢。"屠守锷端起茶碗呷了一口茶,兴奋地说道。

"那就难怪了,这不正合你的想法嘛。"屠守锷高兴,秋粟也跟着高兴。

屠守锷与秋粟,他们也是在这样欢天喜地的日子里认识的。那是1950年,全国各地一片全新的气象。这一年,屠守锷33岁,像所有那个年代的年轻人一样,他正一头扎在建设新中国的事业里。直到,一个年轻的女孩走进他的世界,他的生活才开始发生从一个人到一个家庭的转变。

女孩叫秋粟,个子高高的,长相端庄秀气。屠守锷与秋粟的认识也很有那个年代的特色——经人介绍。秋粟是抗战末期入党的老党员,新中国成立后,她来到了北京市委,担任秘书工作,因为这层关系,她认识了北京市委的刘仁,在刘仁的有意介绍下,她认识了屠守锷。

两人一见面就很投缘,一段时间后,两情相悦的年轻人便携手走进了婚姻的殿堂。婚后两人各自忙着工作,生活中相敬如宾。如今,爱人秋粟正孕育着他们的孩子,日子过得其乐融融。

正当夫妻俩谈得起劲时,一阵敲门声传来。

"是屠教授家吗?"打开门,一位穿着军装的人正站在门外,他中等个头,精神饱满,看有人开门,便大大方方地询问起来。

"我就是屠守锷,您是?"屠守锷一脸疑惑。

"屠教授,您好,我在航空学院听过您的课,您给我们讲的是空气动力学。"来人自我介绍道。

屠守锷将来人请进屋,秋粟见状,连忙起身,将空间让给客人。

两人坐下之后,屠守锷开门见山地问道:"您找我有什么事情啊?"

来人忽地站了起来,一脸严肃地说道:"党中央决定,要成立国防部第五研究院。"转身,他又兴奋地俯下身,对屠守锷说,"我们要研究自己的导弹啦。"

"哦?"屠守锷又惊喜又疑惑。

来人接着说:"我是研究院派来邀请您参加导弹研究工作的,上级调您到第五研究院工作。"

"什么时候?"屠守锷惊讶不已,"腾"的一声从椅子上站了起来问道。

"明天一早就出发，调动手续都已经办好了。"来人说。

国防部五院，屠守锷知道，其全称为国防部第五研究院，是我国第一个导弹研究机构，成立于1956年10月8日，钱学森任院长。顾名思义，这个特殊的研究院正是为发展导弹、原子能等国家国防尖端技术而成立。

"可……"屠守锷低下头沉思道，"我是设计飞机的呀！"

"屠教授，您是航空方面的专家，经验丰富，正是我们国家需要的人才啊！"来人握住屠守锷的双手，斩钉截铁地说道，接着，他站成了一棵松树，庄严地朝着屠守锷行了一个军礼。

"不不不，这军礼我屠守锷受不起啊。"屠守锷双手作辞。

"不，您受得起，从现在开始，我们就是战友啦。"来人握住屠守锷的手，有些激动地说。

屠守锷一时语塞，心里翻转着很多的想法，不知从何说起。他重又将来人请回到茶桌前坐下，伸手拿起茶壶给他沏了一杯热茶，伸手请道："来来来，您请喝茶。"

来人知道屠守锷在担心什么，来之前，他已经将屠守锷的"底细"调查得清清楚楚。要说屠守锷为了个人利益不愿意接受这样一份工作，他是绝对不相信的。唯一的可能就是，屠守锷在担忧，担忧自己只是个研究飞机的教书先生，怎么能承担起研究导弹的重任呢？

"屠教授，想当年您放弃美国优渥的条件毅然回国是何等的大义凛然。我知道，您当时花了四十多天，花了高价钱，历经坎坷才回到祖国……"

"这，您都知道？"屠守锷很惊讶，来人竟然对自己回国的经历都如此清楚，可见是真真将自己的情况摸得一清二楚。

"当然知道。"来人继续说道，"您的爱国之心，我都知道。您知道抗美援朝吧，帝国主义想方设法阻止我们搞建设，但作为中国人，您说我们要不要加强我们的国防力量？"

"当然需要！"说到加强国防力量，屠守锷再赞同不过。他想着自己这些年看到的情况，国防力量如果强了，我们的国家就不会被欺负了。"增强国防力量，我举双手赞成！"屠守锷喃喃道。

"那不就对了，您的名字叫'守锷'，锷，不就是利刃吗？您这把'利刃'就是要用在我们祖国最需要的地方。"

"可……我不是研究导弹的呀！"屠守锷的热情已经被调动起来了，他也想为国家出力，但是自己的专业并不对口，他转而脸上又写满了担忧。

"没关系，这是国家交给你的任务。国家既然选择了您，就说明您有这才干和能力，只管服从组织安排就是了！"来人又一把握住了屠守锷的手，另一只手重重地拍打在屠守锷的手臂上，郑重地说道，"今晚您就收拾行李，明天一早我派车来接你。"

屠守锷还没来得及回话，来人已经准备走了，临走，他又说了一句："注意保密！"之后，又庄重地向屠守锷行了一个军礼。

望着来人远去的背影，屠守锷久久伫立。一句"国家需要你"在他内心深处久久回荡。这任务，他非领不可。只是这任务该如何去做？他心里迷茫着，没有底。他知道，从明天开始，他的人生将发生转变。只是他没想到的是，这种转变是如此巨大，如此深远，"成为"了他的一生。

11月23日，国防部五院成立了十个研究室，屠守锷被任命为八室——结构强度研究室主任。接到任命的屠守锷虽然忐忑，却也做好了迎接挑战的准备。

1957年2月的一天，明媚的阳光洒落在位于北京西郊的国防部五院的墙头。

"咚咚咚"，这个月以来，不断有陌生的脚步声打破这座新院子的宁静。也是在这个月，屠守锷来到了国防部五院。此时，他看到了好几位跟他一样眼神炯炯的年轻人步入这个全新的院子。看着对方风尘仆仆，提着行李，一脸陌生的模样，大家都心照不宣地笑了。

后来，屠守锷才知道，这些人跟他一样，差不多都是在1957年2月前后来到国防部五院的，这些人的名字在后来很长一段时间里与屠守锷一样，响彻中国的航天领域，大多成为中国航天事业的领军人物，他们是蔡金涛、黄纬禄、吴朔平、姚桐斌……

除了从各个单位抽调技术骨干和专家教授，国防部五院还聚集了一批从全国各大专业院校选调的应届毕业生。这些大学生除了要政治背景过硬，还要有相关专业知识。在当时，首选的专业是飞机制造专业,其次是火车机械专业,再次是拖拉机、轮船制造专业以及通信专业等。虽然这些专业看似与他们所要做的事情有那么一星半点的关系,但当这些学生们真正走进国防部五院,接触到他们所要从事的工作时,他们发现,自己对导弹工业几乎是一无所知的。

导弹到底该怎么做?这个难题摆在了所有人面前。

屠守锷,这个有着航空航天专业知识,却也跟他大部分同事一样,连导弹长什么样子都不知道的专业人才,将如何面对自己接下来的工作和任务?这对他来讲同样是一个巨大的挑战。

夜深人静的时候,屠守锷房间的灯还亮着,他正在研读《导弹概论》。屠守锷用左手压着书本的一侧,逐字逐句认真研读,右手拿着笔,却舍不得在书本上做记号,看到精妙处,他将话语誊写到自己的笔记本上。书是钱学森亲自编写的,在国防部五院,也只有钱学森是在美国亲自参与研制过导弹的。在《导弹概论》中,钱学森较为系统地讲述了导弹的推进系统、空气动力和结构、制导问题等内容。屠守锷如饥似渴地啃读着这本珍贵的教材,他清楚地知道,作为一位老师和一个研究室的主任,只有他自己弄明白了其中的问题,他才能详细地给学生和同事们解读,在关键问题上作出正确的决定,拿出行之有效的方案。

合上书,屠守锷微闭着双眼,嘴里嘀嘀咕咕自言自语。如在学校教书一样,他有着严谨的备课习惯。他在预演第二天的课堂内容，念到哪里不通顺了，就赶紧打开笔记本，在写满字的本子上做标注。这是他为第二天备的课，他不允许自己有丝毫的疏漏。

第二天一大早，屠守锷匆匆吃了早饭便夹着讲义往导弹结构强度研究室去了。他走起路来步子跨得大且密，若是谁在路上碰到他，总能感觉一阵凉爽的风从身旁掠过。

"屠主任，屠主任……"有几个学生看到了屠守锷，挥手跟他打招呼。

屠守锷却没有抬头往这边看。他并不是端架子，而是根本就没听到有人在叫他，他沉浸在自己的思考里，常常思考入了神就有点"两耳闻不见窗外事"。若非有要事需要沟通，他也不会停下脚步跟人寒暄，在屠守锷看来，每一分每一秒都很重要，他不愿意在多余的事情上浪费一点时间，哪怕多说一个字、一个词。

学生们一开始还不适应，久而久之，他们知道了屠主任的性子，便都理解了。

"同学们，今天我要结合飞机制造的工程实践讲讲对导弹结构的理解……"走到实验室，屠守锷看到学生们都到了，便直截了当进入课堂讲学。他手底下有10名刚毕业的大学生，给这些年轻人做业务培训是他的重要任务之一。

当过大学教授的经验让屠守锷给小年轻们上课变得游刃有余。他一边向钱学森学习，吸收消化专业知识。一边将这些知识结合自己的专业和实践转化成通俗易懂的课堂知识，传授给实验室的新人。

"听屠主任讲课真是一种享受,他能把复杂的原理讲得出神入化,通俗易懂,更重要的是还能结合实际,让我们知道在实际工作中怎么应用。"时隔多年后,当年听过屠守锷讲课的年轻人回忆说。

也有人说听屠主任讲课很过瘾,但必须聚精会神,因为他讲课很精炼,没有一句废话,而且基本不会重复第二遍,稍不留神就会听不懂他后面的课程。

这就是屠守锷,专注而干练的研究者。也是从那时候开始,他成为钱学森最得力的助手之一。

那段时间,每个星期天的下午,钱学森的家里总是比往常还热闹一些。屠守锷、任新民、黄纬禄、梁守槃都会来到钱学森的家里。这是初创时期的一个特殊聚会。当然,这几位后来被誉为"中国航天四老"的才俊聚在钱学森家里不是吃饭,也不是串门,而是探讨技术问题。

"钱老的工作范围宽,眼光远。他不是通过命令指挥大家如何如何,而是启发大家走向正确的道路,让大家都感到很受尊重。"多年后,说起当时在钱学森家讨论的情景,屠守锷不无感慨地说。也正是钱学森这种启发式的技术指导,让屠守锷以及他的同伴们受益匪浅。当他们把启发式技术指导带到工作之中,对整个队伍的成长也起到了立竿见影的促进作用。

有时候,四个人中难免有人星期天有事无法参加讨论。遇到这种情形,聚会就会暂停一次。但凡大家都有时间,讨论便会如期举行。在讨论中,大家总能畅所欲言,一个个科学难题也正是在这样的讨论中得以"柳暗花明"。

一年之计在于春。当春风吹拂大地，国防部五院里的草木吐纳着新芽。新生的生命看似娇弱，却充满希望，饱含生机。这支新生的队伍像极了春天的生命，破土而出时难免颤颤巍巍，却一天天汲取着阳光和雨露的养料，逐渐成长、成熟、壮大，直至参天巍峨。

与导弹初谋面

苏联提供的 P-1 导弹是屠守锷第一次看到的真导弹。不只是他，对整个国防部五院的绝大多数人而言，都是第一次见到真导弹。

P-1 导弹运来的那一天，整个国防部五院顿时炸开了锅，大家纷纷来参观。导弹有两枚，一枚是供教学用的解剖弹，一枚则是可供拆装的完整导弹。

第一眼看到导弹，钱学森先是有些许喜悦，继而眉头深锁，略有失望地摇了摇头。在美国参与过导弹研制的他清楚地知道 P-1 导弹已经过时，在性能和技术上的参考价值并不大。不过，眼下这枚 P-1 导弹的到来也算是及时雨，至少可以让研究人员真正地接触和认识导弹。想到这里，钱学森重新舒展了眉头露出了笑容。

中华人民共和国刚成立，就算是这过时的P-1导弹，能够来到国防部五院已实属不易，得亏了苏联的鼎力相助。在新中国成立的第二天，苏联就宣布承认中华人民共和国，而且是第一个承认的国家。在我国成立国防部五院，高端技术和资源严重缺乏的情况下，苏联又在军事研究方面为我国提供了至关重要的帮助，P-1导弹就是一个例证。

P-1导弹是依据在德国缴获的V-2导弹现有技术作为基础来研发的，是苏联的首款反舰导弹。由于这款导弹的技术已经过于落后，其作战能力并不高，所以P-1导弹并没有大规模装备，很快就退役了。虽然实用性并不强，却也能从这枚导弹中看到导弹研制的早期技术，在当时的条件下，苏联向中国提供这样一款导弹也实在难能可贵。

1956年底，国防部五院总体设计室主任任新民代表中方在苏联援助的P-1导弹实物交接仪式上签字。之后，P-1导弹被接到北京，直接送到了国防部五院。

一场热火朝天的学习实践活动在五院开展起来了。

"有了这'家伙'，我们就可以动手把弹体、发动机等零部件拆下来，仔细研究和测量，动手绘制图纸了。这可是锻炼队伍的好机会啊。"钱学森召集屠守锷这些骨干力量开会，会上，他信心满满地说。

"拆卸？"有人疑惑，"难道要给P-1导弹作解剖？"

"是的，就是要解剖P-1导弹，分门别类登记造册，让我们的研究人员熟悉导弹的构造。"钱学森说。

"拆卸了之后还组装吗？"又有人问。

"当然要组装，要把它还原成原来的模样。我们要'反设计'。"钱学森强调。

"反设计"可不是一件容易的事情。首先得拆卸，即大家得把弹体、伺服机构、惯性器件和电子器件等一一拆卸下来，然后分门别类地编号、造册。接着就是对照实物去做检测、试验，分析和认识材料成分、规格、性能等，画出初步的图纸。最后就是在对导弹整体有了清晰认识之后，按照所画的图纸将原来一一拆分下来的零部件组装还原。若是要将导弹还原成拆卸之前的模样，在整个过程中就得非常细致，一个螺丝钉的差错都不能有，这对整个队伍而言无疑是一场严峻的考验。

在"反设计"的工作中，屠守锷和他所带领的结构强度研究室的任务是繁重的。屠守锷在航空领域的理论水平高，实践经验却相对少。当一个实打实的导弹放在面前让他研究时，他发现自己要补的课实在是太多了。

边拆卸导弹，边在自己的小本子上快速地记写，这是屠守锷多年来的老习惯了。好记性不如烂笔头，他喜欢随身携带小本子，一有空就掏出小本子来，或记录，或演算。小本子就是他的另一个世界，在这个小世界里，他拾掇起自己的零散时间，将它们拼凑成一个庞大的整体。在实践中遇到的问题和启示是最值得记录的，这些问题和启示，他常常会带到课堂上跟年轻人们探讨和分享。大家一起思考，见仁见智，经常会蹦出奇妙的思想，收获出其不意的结果。

"书山有路勤为径，学海无涯苦作舟。"拆分导弹的实践就像一片浩瀚的学海，乘一叶孤舟而来，屠守锷拿起船桨努力划拨，他需要找到通往彼岸的路，可在这片浩渺中要找出一条路来并不容易，他只能聚精会神，仔细观察，遇到难题一一破解。在这过程中，屠守锷自学了陀螺力学、控制论、可靠性教学、微机应用、低温传热等专业知识。就像我们在学习英语时遇到不认识的单词就要立马查词典一样，屠守锷对技术的追求也大抵如此。遇到不懂的，弄不明白的，他总会第一时间去翻找资料或向人请教，把卡壳的难点疏通。

实验室的工作主体是年轻人，屠守锷经常组织年轻人开展技术课题的研究和讨论。知其然还要知其所以然，导弹的"反设计"过程对屠守锷和他的团队而言不仅仅是拆卸并还原这么一个机械的过程，而是在这其中要去思考导弹的制作原理和基本规律，这显然对日后的导弹自主研制更为重要。认识到了这个关键点之后，屠守锷每组织一个拆卸步骤，都会跟研究人员强调，要大家探究相关步骤的原理、作用和有无可替代性等相关问题。"最好能举一反三，见微知著。"屠守锷说。

P-1导弹终是被国防部五院的研究人员吃透、学透了。即便如此，P-1导弹已经过时的现实摆在那里，很多技术和零部件很明显陈旧且不实用。要想研制出真正实用的导弹，吃透P-1导弹还远远不够，这一点大家都心知肚明。怎么突破？屠守锷正一筹莫展。就在这时候，他接到了新任务。

那一日，屠守锷正在做研究，钱学森告诉他，要他准备一下，过几日一起去苏联。

"去苏联？"

"对，去苏联！聂荣臻副总理将率领中国政府代表团赴莫斯科，商谈导弹研制等尖端技术合作事项。"

"好，太好了！"屠守锷很兴奋，他迫不及待地想亲眼见识一下更先进的导弹，"我需要做什么准备？"

"不需要做什么特别准备，到时候结合自己熟悉和擅长的领域留心一些就是。"钱学森叮嘱屠守锷说，"我比较熟悉和擅长理论研究和科学探索，但是对于组织大规模科研生产和建设大型航天工程尚且缺乏实践经验，请你在这方面多多留心啊！"

屠守锷将钱学森的话牢牢记在了心里，他琢磨着，这次机会难得，一定要为我国导弹研制多争取一些实用的资源。

1957年9月7日，中国政府代表团在聂荣臻副总理的带领下出发了。

中苏双方各组成了军事、原子能、导弹、飞机和无线电五个委员会。针对五个委员会，我们国家确定了五位谈判组长，他们分别是陈赓、宋任穷、钱学森、张连奎、王诤。每个组各自带了技术人员，屠守锷就是以导弹技术顾问的身份参加的代表团，他全程跟随钱学森。

谈判从9月9日开始，苏联方面也派出了高规格的精锐代表与中国洽谈对接，可见对中国专家之行的重视。谈判期间，中国代表团参观了苏联导弹试制工厂等单位，这让屠守锷大开眼界。

拿出小本子,他在上面记录着自己的所见所闻。火箭试验台总面积,发动机试验台总面积,酒精仓库、煤油仓库、硝酸仓库和过氧化氢仓库等面积,车间及车间内的设备数量,等等,他都详详细细地记录着。这些数据隐藏着产品的流程路线和生产规模。

钱学森告诉屠守锷,中国代表团最后要向苏联政府列出所要设备的清单,清单是否齐备,与他们这些代表的研判息息相关,容不得半点儿马虎。

每天参观完,专家们会简单碰头探讨一番。屠守锷将自己的记录和想法跟钱学森交流,他欣喜地发现自己所记录的、所思考的问题跟钱学森的所思所想高度一致,这让他更坚信了自己的判断,所谓"英雄所见略同"。

这次谈判的结果是,苏联政府答应卖给中国 P-2 地地近程导弹,这个导弹是在 P-1 导弹基础上稍作改进的一款导弹,算是苏联导弹的初级产品,事实上也是淘汰的产品。

虽说苏联在我国导弹研制初期提供的帮助很大,而且此行在导弹研制技术上收获颇丰,但谈判过程却给屠守锷留下了深刻的印象。苏联愿意给我国提供的只是他们淘汰了的技术,且在谈判桌上,苏联人的态度是傲慢的。这些都让屠守锷清楚地认识到:像导弹这样的国防尖端技术,靠买是买不来核心技术的,只能靠我们自己。

眼下,仿制仍是势在必行的一步。随着 P-2 地地近程导弹的来华，仿制工作正式开始。与导弹同来的还有包括地面测试、发射、横向校正等47件导弹营技术装备。

在这之前，根据苏联专家的建议，国防部五院已经进行了一次组织结构的调整：在原来十个研究室的基础上组建了一、二分院。总体而言，一分院承担各类导弹总体设计和弹体、发动机的研制任务。由钱学森兼任一分院院长，任新民、屠守锷、梁守槃等专家都聚集在一分院，驻地在北京长辛店附近的云岗地区。后来，由于一分院的面积有限，又进行了另外的选址，从长辛店搬到了南苑。二分院承担导弹控制系统的设计工作，由电子科学研究院院长王诤兼任院长。二分院聚集了全国多位知名电子技术专家，驻地在北京永定路地区。

一分院成立之初，亟待快速发展，新人不断地调进来，屠守锷这些老将自然而然成了院里的中流砥柱。为了让新人尽快成长起来，当时的一分院成立了训练大队。刚从学校毕业的学生在正式参加工作之前都要到训练大队历练一番，参加短期集训。所谓短期集训，一期的训练时间约两个月，除了政治军事课程之外，还有重要的技术教育。屠守锷和他的同伴任新民、梁守槃等老骨干，在钱学森的带领下，都担任着繁重的授课任务，屠守锷教授的课程是导弹结构。导弹研制能否取得突破，人才是关键。对屠守锷这些老将而言，除了自己一股脑扎进导弹仿制工作中之外，带好队伍、培养人才也是他们的重要任务。

一分院决定兵分两路推进P-2导弹仿制工作。一路学习导弹基本知识，由苏联官兵在炮兵教导大队开展为期三个月的教学训练活动；另一路则由设计部门和试制工厂组成，开始解剖和仿制 P-2 导弹。

作为领导人员之一，屠守锷参加了教导大队的教学训练活动。教导大队实行军事化管理，屠守锷早已习以为常了。工作和食堂两点一线的生活对于一心扑在科研上的他来讲，是再好不过的生活。

集训的时候，钱学森分享的一件事让屠守锷印象深刻。钱学森说，他曾经接到过一位年轻人的信，这位青年在信中指出他写的一本关于工程控制方面的书中有个公式有误。收到信后，他很认真地对这个公式进行了复核，发现情况真如这位青年所说的那样。于是，他接受了青年的建议，并做了修改。

"我们搞科研，一定要有接受质疑和改正错误的勇气和精神。"说罢，钱学森郑重地提醒大家。屠守锷发自内心地赞同，正如钱学森所言，接受质疑和改正错误是一个科研人员必备的品质，多年的科研经验让屠守锷清楚地认识到，科研是一个不断求真的过程。所以，他喜欢讨论，跟钱学森这样的前辈讨论，跟年轻的学生们讨论，科学问题就是在讨论中越辩越明朗的。

集训的三个月转瞬即逝，效果怎么样？检验场上见真章。

1958 年 4 月 8 日夜间，北京南口镇西南的坦克靶场灯火通明，上百辆车整齐有序地列阵，一场导弹点火演习即将开始。

"各就各位！"只听得指挥官一声响亮的命令，学员们迅速四散，各自来到相应岗位。学员们早已对自己的职责和动作熟练于心，一次成功的点火需要所有人员的完美配合，所有工作都需要精确和一丝不苟。

导弹号手迅速来到仪器前，前前后后仔细检查了一遍，确保万无一失。"导弹号手准备就绪，请指示！"他响亮答道。

其他各个岗位的人也此起彼伏地回答着准备就绪的话。

"三、二、一，点火！"指挥官一声令下，模拟点火"扑哧"一声，仿若火苗隆隆，烟浪滚滚，导弹拔地而起。

国防部五院新进的年轻技术人员们屏气凝神，好像这就是一场实战，他们紧张得心怦怦直跳。

"时间把握精准，操作很成功，祝贺同学们。"等一切恢复平静，指挥官很高兴地说。学员们这才回过神来，相互抱着、跳着，开心极了。这虽然是一场演习，却让每个人大开眼界，同时也让他们更加真切地清楚了自己接下来的任务。

七天后，苏联官兵完成教导任务回国。新兵们各自来到国防部五院的工作岗位上，于他们而言，一切才刚刚开始。

丢掉"洋拐杖"

在"1059"仿制成功的前几个月发生了一件事，屠守锷永远也忘不了。

那是1960年8月13日,这一天,最后三名根据当初签订协议来到中国指导导弹研究的苏联导弹专家被撤走回国。至此,苏联断绝了对我国导弹研究的一切援助。

国防部五院的研究室内,拨动算盘珠子的声音噼里啪啦,响成了一道别致的交响曲。设计人员们正拿着算盘做着紧张的计算,在那个缺少仪器的年代,算盘显得弥足珍贵,而能快速拨得一手好算盘的专业人才更是稀缺。

屠守锷带领着设计人员们埋头沉浸在数据的准确核算中,对外界局势所发生的变化他们还一无所知。

"老师,已经算了好几遍,跟苏联专家的数据对不上。"学生拿着算盘走到屠守锷面前,一脸失落地说。

这时,坐在一旁也在努力计算的老同事说话了:"老屠,就按苏联专家的来吧!"

"不行,继续算。"屠守锷说。

"老屠,难道你还怀疑'老大哥'?"同事有些急躁地站了起来。

"我不怀疑,也不相信,遇到问题就要反复核算。"屠守锷头也没抬,继续算。

"我看你就爱瞎折腾,时间不等人。造飞机你是专家不用说,造核弹,你我都是小学生,苏联老大哥有经验,不用怀疑!"同事走到屠守锷跟前,与他理论起来。

"话可不能这么说,科学必须严谨,不能盲信,数据有问题就要去核查。"

同事把算盘一放,有些气急败坏:"拿什么算?就用这个?我们哪有那么多时间耽误。"

"大家接着算,所有责任我承担。"屠守锷语气更加坚定了,"同志们,我们再仔细核算。"

……

这时候,国防部五院副院长来了,他走到屠守锷面前,一脸深沉地说道:"老屠,那个数据不用算了。"

"为什么?"

"再算已经没有意义了,它对导弹上天起不了什么作用。"

"为什么?"屠守锷着急地追问。

"我就说吧,听苏联老大哥的没有错。"这时,站在一旁刚刚还在跟他争论的同事兴奋地说道。

"唉……"副院长一脸的失落,接着说道,"苏联专家已经撤走了,所有图纸和数据他们都带回去了!苏联人,都走了。"

"啊,怎么会这样!"

听到这个沉重的消息,现场陷入了一片沉寂。

"屠总,我们该怎么办?"大家纷纷把眼光投向了屠守锷。

苏联专家的撤走来得突然,一时间,屠守锷也没有了主意,只是低头沉默。也有人责怪他,总是要大家重新核验数据,说要是一开始就按苏联的来,现在已经进行下一步了。而他,屠守锷,坚持说数据有问题要核验明白才能进行下一步。面对指责,屠守锷并没有觉得自己做错了什么,他坚信科学来不得半点马虎。只是，现在苏联人已经走了，面对基础薄弱的导弹事业，到底该怎么办呢？

"同志们，党中央号召我们，艰苦奋斗，自力更生，要完成导弹研制的任务，向全世界发出我们自己的声音。"副院长接着说，"离开了苏联人，我们就造不出导弹？同志们，形势所迫，我们一定要背水一战，把这块硬骨头啃下来。"

经过一番思想斗争后，屠守锷从低落情绪中调整好了自己的状态，他相信只要大家齐心协力，一定可以取得突破。"大家继续干。"他对学生们说。

苏联专家为什么会撤出中国？究其原因，要从1958年苏联提出在中国境内建立长波电台和潜艇部队的提议遭到中国政府的拒绝开始说起，这让苏联当局的赫鲁晓夫很不满。之后，又发生了苏联在对待中印边境纠纷和中国西藏问题上，与中国政府背道而驰的事情，这加剧了双方的不愉快。

1960年7月16日，苏联政府知会中国政府，决定自7月28日至9月1日，撤走全部苏联在华专家，同时还终止了两国签署的合作协议。

列车缓缓北去，科研人员们站在站台挥手送别这些不远万里来到中国指导导弹设计的苏联专家们。平心而论，他们确实为中国导弹事业的发展付出了辛勤的劳动。

屠守锷清楚地记得，苏联专家刚到中国那会儿，在钱学森家的客厅里，他见到了他们。

"这位是发动机专家，组长施涅金。"任新民用右手礼貌地指向一位五十多岁的苏联专家。任新民，比屠守锷年长两岁，是航天技术与液体火箭发动机技术专家，中国导弹与航天技术的重要开拓者之一，也是"两弹一星"元勋之一、"中国航天四老"之一。在任新民的介绍中，屠守锷知道了这位施涅金来头不小。他曾经是一个机枪射手，到高校学习之后转做火箭发动机研究设计，凭借优异的成绩，从一名普通设计员成长为发动机设计院副总设计师。来华之前，他担任苏联导弹发动机工厂总工程师。除了组长施涅金，还有四名组员，任新民都一一作了介绍，他们所涉及的领域囊括了燃烧、涡轮泵、自动化及总装专业。听罢，屠守锷为这支人才济济的专家队伍竖起了大拇指。

苏联专家来了，我们的专家得抓紧学习。任新民带着技术骨干跟苏联专家对口跟班学习，大家在技术上拜苏联专家为师，生活上对他们照顾得无微不至，友谊之花在两国专家之间绽放。最开始的时候，屠守锷他们看到，大部分苏联专家是纯粹的，他们愿意将设计和生产中的经验教授给我们的科研人员。渐渐地，屠守锷他们似乎窥见了苏联投过来的这根橄榄枝其本质的面貌并不像大家所看到的那么明媚、阳光。

那是在 P–2 导弹图纸和技术资料的翻译和复制工作完成，需要建设试车台时，科技人员找到苏联专家，希望他们提供发动机试车台资料，以便自己建设试车台。苏联专家听罢，不急不慢地回答："不要着急，等你们的发动机搞成功了，到我们苏联去试车。"

"到苏联试车？这怎么能行！"大家心里很清楚，不论是发动机仿制还是自主设计，都需要试车，试车台的建设是一个至关重要的命题。如果发动机还要运到苏联去试车，中国的导弹设计将永远没法独立完成。

"我们自己干！必须设计建造我们自己的试车台。"任新民知道形势紧迫，决定带领第三设计部的技术人员设计建造试车台。

经过两个多月的研究、计算，任新民他们提出了试车台设计任务书。在众人的努力下，1960年3月，我国首座由自己的导弹技术人员设计和施工安装的导弹发动机试车台竣工验收。

类似于这样的事，屠守锷也亲身经历过。

导弹部段生产出来后要进行结构静力试验，这种试验需要的专用实验室还在建设，时间紧急，屠守锷等不了，他就带着技术人员找到了一处旧飞机库，为此他满心欢喜，觉得这个飞机库可以通过改造成为静力试验的场地。

"这个旧飞机库很难得的，又高又宽，加以改造很适合做静力试验……"当苏联专家组总顾问阿尔希波夫一行到飞机库考察时，屠守锷很有信心地跟他们比画着、介绍着。

阿尔希波夫，俄罗斯政治家，20世纪50年代，他作为中国政务院经济总顾问和苏联来华专家组总负责人来到中国。在中苏关系中，阿尔希波夫主张两国睦邻友好，并为此作出了长期努力。特别是到了20世纪80年代，阿尔希波夫为实现苏中关系正常化作出了巨大贡献。

眼下,阿尔希波夫和几位苏联专家绕着旧飞机库走了一圈,摇摇头说:"高度不够,做不了!"之后,头也不回地离开了。

望着苏联人离去的背影,屠守锷好像被当头淋了一瓢冷水。他意识到,苏联专家是无法急我们之所急的。求人不如求己,一番深思熟虑后,屠守锷对着自己的技术人员说道:"我们自己干!"

之后的一段时间里,屠守锷带着技术人员对飞机库实施改造。高度不够,他就带着大伙儿挖地坑。解决好高度问题之后,他又利用从飞机上拆下来的5个液压传动筒等旧部件和自制承力地轨做进一步加工。短短半年时间,屠守锷硬是用他的土方法将一个旧飞机库改造成了一个像模像样的简易强度实验室。

当阿尔希波夫再次来到旧飞机库参观强度试验时,被眼前的场景震惊了。他仔细检查每一台实验设备,发现它们完全满足试验大纲的要求。"好,好,祝你们成功!"阿尔希波夫向屠守锷投来钦佩的目光,频频点头称赞。

1960年三四月间,在这座简易实验室里,屠守锷领着一帮年轻技术人员完成了P-2导弹尾段、酒精箱、液氧箱、仪器舱等部段的300多次静力试验。令屠守锷欣慰的是,试验证明产品合格的同时也证明了这座简易实验室经得起考验。

还有那么一次,有一位苏联专家有事回国,在走之前找到屠守锷,很热情地问他:"屠老总,你需要什么技术书籍,我回国后帮你找了带过来。"

屠守锷喜出望外,连忙让技术人员把需要的技术文件列出了一个清单。"如果方便的话,请帮我带这些技术文件。"屠守锷满怀信心地说。

接过清单,这位苏联专家信心满满:"没有问题。这些书籍在我们国家都是公开发行了的,只是普通书籍而已,我能带过来。"

"那就太感谢了。"屠守锷握着苏联专家的手,对他而言,清单上的资料无比珍贵。

一个月后,这位苏联专家回来了。屠守锷满心欢喜地找他拿书,这些日子,他盼星星盼月亮,以为终于盼来了这些宝贵的技术资料。却不料,这位专家双手一摊,无奈地耸了耸肩膀,摇了摇头,怪不好意思地告诉他,本来这些书籍他都收集好了,但是过境的时候又被扣下了,怎么都不让带过来,他实在没有办法。

往事历历在目。屠守锷在感谢苏联专家对中国导弹事业给予的帮助和指导的同时,他也清楚地认识到一个事实:苏联并不想让中国人自己设计导弹。在苏联提供的资料中,图纸和工艺文件基本都有,关键的设计文件和计算资料却大多没有,苏联专家们在面对设计中的核心技术问题时也常常是含糊其词,这就意味着人家只允许你照着他们的图纸做一样的导弹。

苏联专家迟早会撤走,这一点屠守锷早就料到了,也做好了思想准备,只是他没想到这一天来得如此突然。

苏联撤走了所有援华的工业技术专家，企图将中国的尖端科学技术彻底扼杀在摇篮里。临走之前，苏联专家一张完整的图纸都没有留下，有人还轻蔑地说：你们就好好地守着这一堆废铜烂铁吧！没有我们的帮助，你们再干15年也什么都做不出来。

当时主管科研工作的聂荣臻元帅拍案而起，愤怒地说："我们现在已经被苏联人逼上了梁山。他们不帮忙，还对我们冷嘲热讽，那我们就自己干。靠山山会倒，靠人人会走，现在我们所有的希望都寄托在自己的专家身上。成功了，功劳我一分不要；失败了，责任我一力承担！"

现实刮来的这一波凛冽寒风让我国的科研工作者们彻底清醒，他们知道，是时候丢掉"洋拐杖"了。自己的路，还得中国人自己来走。

独立的"争气弹"

1960年底，国防部五院礼堂来了一批特殊的物资。它们是肉、鱼、黄豆、海带、水果……

科技人员们有序地排着队去领生活物资，有人脸上挂着笑，有人却笑着笑着哭了起来，泪水流过那一张张因营养不良而或苍白，或浮肿，或干瘪的脸。

"同志们：主席、总理，我们国家的领导人都喝白菜汤，却给我们送来了鱼、肉、水果，我们就是拼了命也要搞出'两弹'来啊！"屠守锷站在人群前面，手里拎着一条新鲜的鱼，不知不觉流下了感动的泪水。

"屠总说得好呀，不搞出'两弹'，我们有什么脸面面对国家和人民的厚待！"有人接着说。

"我们一定要搞出'两弹'！"

"再苦再累，我们齐心协力，都不怕！"

"我们靠自己，一定不能让外国人笑话了去。"

……

科研人员们排队领物资，排着排着个个情绪激昂起来，领取生活物资的礼堂瞬间变成了动员会现场。专家和技术人员们高举着领到手的物资，有些说着一些斗志昂扬的话，有些也像屠守锷一样，流下了热泪。

大家感动的泪水流得并非毫无理由。1959 年至 1961 年，国家处于经济困难时期，粮食和副食品、蔬菜等供应非常紧张。在国防部五院的食堂，科技人员们常常是早上一碗稀饭、一个馒头，就着咸菜下肚。中午一碗大米饭、两个素菜。晚上两个馒头、一碗菜。一天饭菜少，油水少，难见荤腥。与此同时，在刚刚起步的中国导弹和火箭事业面前，科技人员的工作量非常繁重，简陋的办公室常常在深夜还灯火通明，他们不分昼夜、不知疲倦地研究、设计、试验、看资料……铁打的身体也需要营养支撑，当营养和消耗严重失衡时，很多人的身体就亮起了"红灯"。1960年11月29日，中国人民解放军第三一一医院（现为北京航天总医院）的报告显示，仅10天内，国防部五院一分院就有600多名科技人员因营养不良、过度疲劳而出现浮肿现象。还有些技术人员画着画着图纸就晕倒了，只能用糖精兑盐水来缓解。

"这怎么能行！我们一定要想办法帮科技人员们渡过难关。"聂荣臻元帅当时主管国家科学技术发展和国防科技工作，科学家的生活处境和身体状况时刻揪着他的心。聂帅振臂一呼，向海军及北京、广州、济南、沈阳等大军区的领导呼吁，请他们尽快想办法给予支援，调拨一批猪肉、鱼、黄豆、海带等副食品和水果给国防科技战线，并强调，"这也是一项有力的政治工作。"

不几天工夫，内蒙古送来了黄羊，东北送来了大豆，沿海送来了鱼，上海送来了青菜……各大军区在自身供应也很紧张的情况下，硬是把69万斤肉、23万斤大豆、64万斤鱼及水果、蔬菜等送到了北京。

物资收到后，聂荣臻非常高兴，他立马作出指示：这些捐来的东西，以中央军委的名义，全部分配给专家和技术人员，领导和行政、后勤等机关人员一律不分，一斤一两都不能分。

就这样，国防部五院的科技人员分到了这些来之不易的物资，他们亲切地称之为"科技肉""科技豆""科技鱼"。这些特殊的物资不仅让科技人员的生活缓过了神，更重要的是给他们的内心打上了一剂强心针，让他们更加坚定了信念：一定要造出中国人自己的导弹。

P-2导弹的仿制是被苏联半路撂了挑子的。苏联专家撤走时，仿制工作正进入关键阶段。而将这枚导弹成功仿制出来成了当时如屠守锷一样的中国科技人员心目中必须要争的一口气。所幸，结果我们已经知道了。在庆功酒宴上，聂荣臻激动又喜悦，高举酒杯，豪情满怀地说道："今天，在祖国的地平线上，飞起了我国自己制造的第一枚导弹，这是一枚'争气弹'，是我国军事装备史上一个重要的转折点。从此以后，我们有了自己的导弹。"后来，"1059"导弹改名为东风一号导弹。

P-2导弹成功仿制后，另一个重要的仿制任务——"543"地空导弹仿制也开始蹒跚起步。根据1957年10月15日中苏两国签订的《国防新技术协定》，苏联除了向中国出售P-2导弹外，还向中国提供C-75地空导弹（工程代号"543"），这是一种常规武器，主要用于攻击高空、高速飞机和飞航式导弹。

国务院和中央军委决定，由国防工业有关单位和国防部五院合作仿制"543"地空导弹，五院担任总设计师单位。在分工上，二分院承担导弹系统的总体工作，一分院则于1958年年底专门成立了第二设计部，承担导弹仿制的技术内容。屠守锷被委以重任，一分院第二设计部一经成立，他就被调入设计部当主任。

相较于P-2导弹，"543"地空导弹小得多。虽如此，却也"麻雀虽小，五脏俱全"，"543"地空导弹武器系统相对复杂，比如，它的动力装置是由固体火箭发动机和液体火箭发动机两级组成，这加大了仿制的难度。

1959年春，"543"地空导弹的技术资料被运到北京，仿制工作紧锣密鼓地开始了。有了"1059"导弹的仿制经验，"543"地空导弹的翻译和复制工作进展较为顺利，当年夏天已全部完成。这时候，屠守锷被任命为"543"地空导弹副总设计师，加在他肩膀上的担子又重了一些。

随着工作推进，一个问题浮出水面。

在"543"地空导弹仿制的分工上，一分院主抓仿制工作，二分院主抓控制系统，分别由屠守锷和黄纬禄负责。和屠守锷一样，黄纬禄也是星期天钱学森家"神仙会"的成员之一，这充分说明他是国防部五院的重量级骨干。在私人关系上，他和屠守锷是志同道合的战友。当这两位昔日战友在工作上遇到分歧怎么办？有时候，双方争执不下，"战火"烧到了"神仙会"，辩论在钱学森眼皮子底下进行。

又是一个星期天，阳光明媚，热烈如常。与往常不同的是，"神仙会"的火药味似乎更浓烈一些。

"我们希望二分院的控制系统总体设计室能够归到一分院来，这样一来可以形成一个完整的总体设计部，二来也方便工作。"屠守锷代表一分院率先说话了。

"我不同意。"黄纬禄站了起来，表情严肃地说，"守锷同志和一分院的提议有他的道理，但是我们认为这样并不会让工作更方便。"

"大家一起工作不是能提高效率吗？纬禄兄怎么会觉得这样反倒不方便工作？"屠守锷一脸疑惑，反问道。

"纬禄，坐下坐下，有话慢慢说。"见黄纬禄有些激动，钱学森笑了笑，朝他做了个手势，让他坐下。

黄纬禄坐了下来，情绪也随之舒缓了不少。他端起茶水，喝了一口，不急不慢地说道："如果将设计室归并到一分院，各分系统的工作很难开展不说，技术协调还需要跨单位，这会让沟通协调变得复杂和烦琐。一来二去岂不是浪费了更多时间。"

听了黄纬禄的话，屠守锷陷入了沉思。钱学森见两人没有那么话赶话了，笑眯眯站出来，说道："守锷，纬禄，我知道你们两位都是希望更顺利、更便捷地推进仿制工作，提议也各有各的道理。这样吧，我们还是多听听一分院和二分院其他同志的意见，再综合得出一个结论，怎么样？"

"我同意钱老总的意见。"黄纬禄一口答应。

"我也同意。如果绝大多数同志都不赞成合并，我们也会少数服从多数。"屠守锷表态。

"神仙会"一散场，钱学森就布置听取两个分院意见的工作。"事关仿制工作的顺利进展，务必搞清楚广大科研工作者的真实想法，拿出一个切实可行的方案。"钱学森叮嘱督办人员。

几天后，两个分院技术人员的意见汇总搁在了钱学森的办公桌上，他仔细看完每一位技术人员的意见，心里大致有了个底。在星期天的"神仙会"上，钱学森说出了自己的决定："我们仔细调查了解了情况，大部分技术人员不同意合并。如此，就按照纬禄的意思，控制系统总体设计室留在二分院。守锷，你看行吗？"

虽然结果不是自己所提议的那样，但屠守锷知道，这是大多数同志的心声，他坦然接受。"我坚决服从组织安排。既然如此，我会跟纬禄密切配合，钱老总放心。"

屠守锷说到做到。那以后，他再没提过合并的话，而是在现有情况下，与黄纬禄通力合作，合力攻坚。正是这样的经历让他们的革命友谊更加深厚。

适逢国家经济困难时期，科研人员的生活相当艰难。一开始，科研人员基本靠借房解决工作和住房的问题。后来，随着新调入的技术人员和管理人员越来越多，借房都成了难题。为了能让五院一分院的研制人员有个基本的办公和生活场地，临近的首都航天机械厂（211厂）想尽办法挤出了两栋宿舍楼和一座二层试飞楼借给一分院，即便这样，生活压力还是很大。后来，连附近曾经的旧军阀部队驻地残留的旧兵营也派上了用场。

屠守锷所在的第二设计部在一栋刚刚建成的家属宿舍楼里办公，本来这栋家属宿舍楼是从长远考虑，为单身青年们建设的，但在当时，办公室紧缺，科研比生活更重要，也就先当办公室使用了。年轻人们大多是单身汉，白天挤在办公室里办公，晚上就居住在办公的营地。屠守锷是第二设计部级别最高的领导，他的待遇自然好那么一丁点儿，他可以独自享用一间十几平方米的办公室，当然，这个办公室也是他的卧室。

除了办公楼楼道口设有警卫之外，这栋楼跟其他的居民楼没什么两样。站在楼外，你会看到只有一栋楼安静地杵在那里，没有喧哗，进出的人也少。好似一位久经风霜的老人，他沉浸在自己的世界里，深沉地望着眼前的一切。走进楼里，却看到另一番景象，每个房间都挤满了人，大家火热地试验着、讨论着。此时，这栋楼又像极了二三十岁的青年，生机勃勃，活力四射，激情无限。一栋楼，像极了两代人，可真奇妙。奇妙的当真是楼吗？我们知道，并不是。奇妙的是人，是人赋予了楼生机与精神。

"谁能帮帮我？"

"我教你个方法……"

"我又发现了一个问题。"

"还是听听我的新发现吧……"

……

年轻的科研人员完全沉浸在科研的氛围里，他们不拘一格地或是讨论问题，或是伏案工作，这时候，科研之外的事情都与他们无关。就算到了晚上，这栋楼里也总是有星星点点的灯光亮着，大家累了就就地倒头睡会儿，有人睡梦中有了灵感，又从床上跳下来，扑在了工作中。有灵感来了根本就忘记了这是晚上，也忘记了睡觉，连轴转却不觉得累。那

101

是一种怎样的艰辛，又是一种怎样的快乐？只有这栋房子里的科研人员知道。他们的目标一致，无非是想尽快拥有我们自己的先进导弹。这条路充满艰辛、布满荆棘，勤劳勇敢、热忱爱国的科学家们却常常忘了艰难，只顾勇往直前。

当时正是20岁出头，后来成为中国航天事业重要学科学术带头人之一的刘宝镛对这段生活有着刻骨铭心的记忆，他回忆说："这个兵营紧靠跑道，每天有上百架飞机起降，特别是一早一晚飞机的轰鸣声震得四合院直颤抖，土墙掉泥。院后小河沟的水里长满了青苔，夏天蚊子咬得人不敢钻出蚊帐，只能把头埋在被单里。冬天屋里土渣墙上都结了一层冰凌，一生炉子，黑烟全堵在屋里，鼻孔里全是黑乎乎的。大家任凭烟熏蚊咬，依然坐如钟、立如松，照样描图、绘图、打算盘、报数字、推公式、搬弄模型和金属片。那时生活虽苦，可心里乐，心里装着科学强国的理想，什么苦呀难呀，全不在话下，只要导弹能飞起来，那就是我们的一切。那时，不管怎么苦，没一个叫苦的，几百号人过的是吹号起床、唱歌吃饭的军事化生活。一个战斗的集体，一座沸腾的兵营，一种向心的凝聚，就凭着这种蓬勃向上、勤奋好学、团结战斗、敢于超前、无私奉献的精神境界，导弹不起飞，连老天爷都不会答应的。"

从刘宝镛院士的回忆中，我们可以窥见当时生产、生活情况的一斑。很多时候，现实条件和人的精神状态往往不是成正比的。在任何艰苦的条件下，只要人们的精神状态是昂扬的、向上的，那便可以直面任何困难，产生坚不可摧的力量。

回到20世纪五六十年代的国防部五院,仿制工作仍在如火如荼地进行。尽快掌握导弹研制技术是屠守锷和他的同事们勠力同心所要达到的共同目标。聂荣臻将仿制称为"爬楼梯",这再形象不过。楼梯有高有矮,有陡有斜,仿制导弹到底是一种怎样的"楼梯"?我们知道,那一定是一座高楼大厦。楼梯七拐八拐,站在下一级阶梯怎么看都看不清上一级楼梯是什么模样,而这份捉摸不透恐怕也正是搅扰得屠守锷他们内心七上八下的东西。一级一级往上攀登,什么时候才能爬到楼顶呢?谁也不知道。不过,只要一步步地往上爬,总能越走越明朗,总有一天会站到楼顶,望见蓝天白云。

虽是怀着必胜的信念,"爬楼梯"过程却是相当艰难的。在当时,一分院连一台计算机都没有,研制人员只得用手摇式计算器来计算,这耗费了大量人力。一个中等规模的"反设计"问题若是一个人来计算的话,计算一遍要花费一个多月的时间。导弹的计算内容是庞大的,由无数个中等规模的计算问题叠加而成,这时候,为了核准一个数字,往往需要几个人一起干好几个昼夜。这还只是计算的问题,仿制工作又何止一个计算的问题,简直是千头万绪。

实验室里的日子日复一日,三点一线或是两点一线几乎成了常态。爬呀爬呀,1964年,屠守锷终于带领着他的科研队伍完成了"543"地空导弹的仿制,登到了"这栋楼"的天台,望见了远方的风景。

"夫子步亦步,夫子趋亦趋,夫子驰亦驰",对中国导弹设计发展而言，在经历从无到有的过程中，仿制学步几乎是一个必不可少的步骤。深谙理论知识的屠守锷他们正是在一次次的"反设计"和仿制中，逐步掌握了火箭技术的基本理论知识，清晰而系统地认识了真实的导弹。在探索与实践中积累经验，为后来的独立设计和自主研发奠定了基础。屠守锷他们当然也知道这句古语的后半部分："夫子奔逸绝尘，而回瞠若乎后矣！"这就意味着仿制学步只是眼下认识导弹的一个步骤，绝非长久之计。中国的导弹还是要靠中国人自己去创新，去创造，若非如此，总有一天会发出"回瞠若乎后矣"的感慨。

"1059"导弹和"543"地空导弹终归是仿制的导弹，中国所需要的是自己研制的导弹。

1962年11月，中共中央政治局研究决定，建立由周恩来为主任的专门委员会，领导我国原子能工业建设和核科技工作。之后，毛泽东和中共中央确定了要自力更生发展原子弹的规划。1964年10月16日，随着中国西北大漠一片蘑菇云腾空，中国自行研制的第一颗原子弹爆炸成功，中国的"两弹"研制取得突破性进展。接下来，加快中程地地导弹的研制成了重中之重。

1964年4月，国防部五院任命林爽、屠守锷为东风三号中程导弹正副总设计师，并且提出要求：1965年完成方案设计，争取1970年前后研制成功。这对屠守锷和他的团队而言，无疑是一次巨大的挑战。

此时，苏联专家早已撤走，研制导弹的事情全靠自力更生。好在20世纪60年代后期，研究导弹的参考资料多了起来。加上之前对苏联导弹的仿制经验，屠守锷此时已经对各国导弹技术的发展水平有了一点底。

在中程地地导弹总体技术方案选择上，屠守锷决定创新，他觉得唯有创新才能实现突破。比如，动力系统液体火箭发动机，他采用的是硝酸和偏二甲肼可储存推进剂。这种可储存推进剂可以预先加注到导弹的贮箱里，使导弹随时可以处于待发射的状态，提高作战快速反应能力。不过，对于偏二甲肼，专家里却不乏争议。当时苏联专家还没撤走时，都认为偏二甲肼有剧毒，不能使用。苏联专家撤走后，偏二甲肼有毒的问题也让屠守锷不得不重视起来。他找到中国军事医学科学院朱鲲教授，共同研究偏二甲肼及其燃气的毒性测定方案和治疗方法。功夫不负有心人，经过一年多的研究，他们最终找到了特效解药，让偏二甲肼为导弹研制所用。

控制系统上，屠守锷选择采用捷联式双补偿惯性制导方案，这能够提高制导的精度；弹体结构上，他选择的是高亮度铝合金新材料；地面设备设计则实现了全套装备车辆化……这些操作都大大提高了导弹的作战效率和精度。

争议与创新就像是一对孪生兄弟，常常一同出现。采用新技术所面临的挑战对屠守锷而言是巨大的，质疑声、反对声，此起彼伏。可是他不怕，他知道，要想实现中国自主研制导弹，必须踏出这一步，不能亦步亦趋地跟着外国走。

在前面我们已经说过，中程导弹的研制是在我国经济非常困难时期进行的。国家为科技人员们发放的"科技肉""科技鱼""科技豆"都如一剂剂强心针，让科技人员们在再艰苦的条件下也能坚持，也能攻克难关。

导弹研制本身却不如人心那般感性，它是冷冰冰的，需要解决的问题并不会因为环境的艰难而减少。比如，火箭发动机试验过程中出现了燃气压强剧烈振荡的情况，燃烧室也因此被烧损。是什么原因导致的呢？摸着石头过河的科技人员们谁都无法给出确切的答案。这时候，屠守锷就只能带头一遍一遍地做试验，若干次试验之后，他弄清楚了其中的缘由，原来是发动机工作时出现高频不稳定燃烧，由燃烧室固有声振频率与燃气生成频率相耦合产生了共振现象，造成了剧烈振荡。

问题找出来了，如何解决？在当时的中国，还没有完全成熟的解决发动机结构设计问题的办法，一时间共振现象成了难啃的硬骨头。

试验，试验，再试验！屠守锷带着科技人员们试图找到较为理想的技术方案。最开始设计了好几种解决办法，却都不尽人意。几个月过去了，这项工作毫无进展，屠守锷又一次眉头紧锁了。

"我们要找出问题出在哪里，不能盲目试验。"屠守锷召集科技人员聚在一起想办法。

"我们每次做试验都会出现新问题，何不把所有问题都摆到一起来，看看有没有规律可循？"有人提议。

"这是个好办法，大家把每次的试验数据列出来，分门别类放到一起，我们一起来比较分析。"屠守锷安排道。

参与试验的科技人员纷纷行动起来。功夫不负有心人，当大家把数据放到一起，问题渐渐浮出水面，规律也不辩自明。找到规律后，屠守锷他们最终采取在燃烧室内装设隔板与液相分区相结合的方法抑制了振荡现象。

诸如此类的问题不胜枚举，难关一个个被攻克。能够靠内部力量解决的问题都不算复杂，难的是导弹研制总会面临一些新材料和新工艺的攻关，而此时，单靠国防部五院常常难以解决问题。这时候，全国科研战线就会拧成一股绳，经常是十几个科研单位协同作战，一系列研究性试验之后，问题才会迎刃而解。

在这个过程中，作为副总设计师，屠守锷起到很关键的作用。在试验现场，大家总能看到这位总师忙碌的身影，他处理事情喜欢亲力亲为，他忙碌、辛苦，可是他认为科研无小事，只有深入一线，盯着一线，才能掌握第一手资料，并及时作出指导。

往往，屠守锷来了，科研人员都是知道的，他虽然个子不高，却走路飞快利索，随着他的到来，衣服都能卷来一阵风，这风能为科技人员提神振气。他做事也如此雷厉风行，从不拖泥带水，以至于对下属的要求相当严格，不允许含糊其词、糊弄过关。

有一次，在一次调度会上，一位分系统的副总设计师迟到了，屠守锷立马变脸，严肃批评。

"一个技术工作的主管领导，必须要身体力行，遵守和执行纪律，如果你都做不到严格遵守，怎么去带队伍？"屠守锷的脸色严肃，话语犀利，这位总设计师的头低低地垂着，没说一句辩驳的话。屠守锷又接着说，"总师系统开一次会，要协调的事情很多，没时间等任何一个人，也不允许任何一个环节出纰漏。你迟到一会儿或许就漏掉一个关键的细节，给将来的工作留下隐患。希望所有人引以为戒吧！"

从这以后，开会便没人敢迟到了。

协调会上有设计人员事先准备不充分，当屠守锷问数据的时候，他用了"大概"这样比较模糊的词，这又让屠守锷动起了肝火："科学容不得半点马虎，怎么能用模糊的概念呢！今天你糊弄科学，明天科学一定会还以颜色，我们的国家是经不起这样的折腾的！"

了解了屠守锷的秉性，在他的队伍中，人们便不再用概数之类的词。事关科研，所有的内容都得精确到位。

20世纪60年代对国防部五院而言算是发展的黄金时期。国家确定了"两弹为主，导弹第一"的国防尖端技术发展方针。广大科技工作者普遍感觉心气顺了，工作劲头也饱满了。

聂荣臻对导弹型号提出了"三步棋"指导思想，即探索研究、型号研制、批量生产。屠守锷对"三步棋"的理解是透彻的，哪怕是在"大跃进"时期，他也时刻保持着警惕，没有急功近利。中程地地导弹的成功研制就是"三步棋"实施落地的成功典范。

早在1960年，国防部五院就对中程地地导弹进行了预先研究安排，导弹所需要采用的新材料、新工艺全部立足国内生产制造。因此，到了1965年，当中央军委正式批准下达研制中程地地导弹任务时，准备已经很充分，进展也很顺利。在孙家栋的主持下，总体设计部完成了总体技术方案的论证；在任新民的主持下，可贮存推进剂火箭发动机已进行热试车；惯性器件研究所所长郝复俭则主持了关键惯性器件陀螺积分仪的研制，并制作出了样机；材料工艺研究所所长姚桐斌主持研究解决了不锈钢高温钎焊、铝合金化学铣切等工艺问题……

中程地地导弹的研制环境可谓天时地利人和，科学家们没有辜负这样一个好环境。1966年底，中程地地导弹首次试飞成功，距离正式开始研制仅用了一年零九个月的时间。中程地地导弹的成功意味着我国战略导弹的研制工作具备了一定的实力，真正地在中国大陆"跑"起来了。

又是一日太阳东升。如这旭日，我国的导弹事业也在科学家们的辛勤钻研下迎来了新的曙光、新的飞跃。

把故障消灭在地面上

在中程地地导弹成功"跑"起来之前,我国改型设计的第一枚中近程地地导弹试飞失败给导弹研制团队浇了一瓢冷水。

1962年3月21日,屠守锷清楚地记得这一天。

经过广大科技工作者一年零八个月辛勤研制的我国第一枚中近程导弹乘坐列车徐徐来到了酒泉试验基地,3月21日这天准备飞行试验。

第一枚中近程导弹,顾名思义,它承载着我国早期导弹研制事业的广泛希望,也是苏联专家撤走后较早试飞的我国自主研制导弹。

与其他导弹稍有不同的是,这枚导弹显得纤细修长,大有些弱不禁风的意味。有人打趣地把它称作"红楼梦里的林黛玉"。

聂荣臻满怀激动和喜悦地赶到西北导弹发射基地,亲自主持发射试验。

"三、二、一,点火!"

随着一声令下,导弹飞出了试验场。众人屏气凝神,目光与导弹一起被发射出去。谁知,接下来的一幕让众人大跌眼镜!几十秒后,导弹开始摇摇晃晃往下坠。要知道,几十秒的工夫导弹还没飞出多远,就在大家的眼皮子底下跌落,坠毁在离发射台不远处。

与导弹一起迅速跌落的还有众人满怀希望的心。大家瞬间失了神，呆呆地立在那里。有些人因为惊吓过度，嘴巴呈"O"字形，久久没有合上。

　　"导弹坠落了！试飞失败了！"不知是谁拖着哭腔叫喊了一句，大伙这才从惊讶和失措中抽回了神。

　　"唉，多少个日夜不眠不休啊，我们的努力泡汤了！"惊过之后是失望，是难过。

　　"我们真是对不起国家的栽培，对不起人民的信任啊！"有人气急败坏地把自己的帽子从头上摘下来，狠狠地往地上一摔，屁股重重地瘫坐到了地上；也有人眼泪"唰唰"往下流，嘤嘤地抽泣起来；还有人捶胸顿足，号啕痛哭……

　　消息传来时，正在主持工作的聂荣臻元帅也痛心疾首，他的心情瞬时跌入谷底。可当他看见为此深受打击甚至痛哭流涕的科研人员时，他心疼了。作为主帅，他必须振作，不能在科研人员的伤口上再撒盐。

　　"大家听我说，我们自主研发设计已经迈出了艰难的第一步，小孩子学走路还有可能摔跤跌倒，更何况是导弹呢？"聂荣臻接着对现场的科研人员说，"发生这样的事，谁都不愿意接受。可既然发生了，我们就要找出失败的原因，不要追责，不要泄气，从失败中吸取教训，再想解决的办法。"

　　聂荣臻元帅的话让失落的人们渐渐平复了情绪，现场逐渐平静下来。离开导弹基地时，聂荣臻特意与所有科研人员一一握手，再一次鼓励大家：一次失败不要紧，下回好好干，今天导弹掉下来了,那明天我们就再把它打上去。

一波未平,一波又起,在那个特殊年代,问题往往容易被无限放大。导弹发射失败后,还是有人往本来就已经很沮丧的科研人员的伤口上撒盐。

"要深究政治原因""要找出导致导弹坠毁的罪魁祸首"……类似于这样的言论甚嚣尘上,搞得导弹基地人心惶惶。

听到风言风语的聂荣臻当即就在办公室大发雷霆,他重重地拍着桌子,吼道:"干什么?你们要干什么?科学试验和打仗一样,从来就没有什么常胜将军,不经历失败,怎么获得成功?共产党人办事要实事求是,你们不允许失败,就是不讲实事求是。"

正是因为聂荣臻元帅的亲自过问和强硬态度,为科研人员挡住了一场无事生非的政治风雨,大家的干劲更足了,都说不能辜负国家和人民的信任。

失败是成功之母,在哪里跌倒了就要从哪里爬起来。可是,要从一个重大失败中走出来,由谁来挑起重任合适呢?最终,重任落在了屠守锷的肩膀上。1962年9月18日,屠守锷临危受命,领导研制人员对中近程导弹进行故障分析和设计改进。

中近程导弹的设计方案是以苏联引进的 P-2 导弹为基础,通过多种改进设计完成的。导弹全长 20.9 米,最大直径 1.65 米,弹体结构又细又长,是个呈流线型的薄壁筒。这枚中近程导弹被命名为东风二号导弹。P-2 导弹技术资料中缺少设计文件,这为查漏补缺的工作带来了很大的难度。从导弹坠毁的表象来看，屠守锷认为，很可能是导弹在飞行过程中失去了稳定性而导致的，而这很可能是一个弹体横向振动的问题。事实是否如此？科学问题不能靠推测，得有实打实的证据。

屠守锷带着总体部的科研人员负责故障分析和改进方案设计，通过不断地实验，摸索经验。在具体分工上，谢光选、梅相岩等人将计算方程式组画成表格，用手摇式齿轮计算机计算得出一、二、三阶弹体弹性振动数据，这项工作历时三个月。梁思礼等人则利用低通电子网路将一、二、三阶振动的波形滤去，留下频率低的绕导弹质心的角波形，通过综合放大后送伺服机构，纠正导弹的姿态……

大家同心协力所作出的工作得到了钱学森的肯定。结果不仅很有效果，而且还为后来的导弹发展提供了一个可行思路：导弹飞行振动数据可以通过计算和地面模拟试验求证，不需要实打实地通过试飞验证。

另一方面，屠守锷又组织弹体结构科技人员进行理论分析。他们将系统问题分成若干部分计算，从计算方法到计算公式和步骤，屠守锷都要亲自盯着。通过各方数据的论证，中近程导弹发射失败的原因锁定了，那就是在总体方案设计中没有考虑到细长的弹体在飞行中会产生弹性振动。具体来讲就是弹体在飞行中的弹性振动与导弹姿态控制系统发生耦合，致使弹体飞行失控，弹体振动与控制系统仪器仪表发生作用，仪器仪表发出了错乱的指挥信号，从而导致导弹的坠毁。

发现了问题，接下来更重要的工作就是如何吸取教训，解决问题。

在没有任何现成答案的问题面前，除了做试验，还是做试验。针对问题，提出修改方案之后，利用地面试验来确认理论方案的可行性是必不可少的一步。可在当时，做地面试验的设施设备还很欠缺。为此，屠守锷果断地向上级领导提出了建设若干大型地面试验设施的请求。

中共中央书记处同意了国防部五院关于改进设计和充分进行地面试验的安排，并决定加速建设急需的地面试验设施。在这之后，全弹试车台、全弹振动试验塔、静力与动力实验室和控制系统仿真实验室等18项大型地面试验建设工程被列入"抢建"的工程项目。

"轰轰隆隆"，在屠守锷他们听来，这是一曲充满希望的交响乐。一个个期待已久的工程在这"轰隆"声中落地施工。万丈高楼平地起，地面试验工程虽形态各异，不是肉眼所见的万丈高楼，但它们于导弹事业，于我们国家的意义，却远比万丈高楼来得更高大。

屠守锷总是会抽空去施工现场看看，还时不时要提点建设意见。在中共中央的亲自过问下，项目建设飞快。今天还只见一片平地，明天就开始打地基，隔几天再去看时，已经建出了一个像模像样的轮廓。望着眼前加速建设的工程，屠守锷满意地笑了笑。他开始憧憬着工程建成后，热火朝天的试验场景，越想越兴奋，越想越觉得希望满满。

随着各种大型地面试验设施被建成，中近程导弹的查漏补缺也如火如荼地开展起来了。林爽和屠守锷率领总体部修改总体方案，任新民带领发动机研究所改进发动机，郝复俭主持修整了控制系统高精度陀螺和加速度表，姚桐斌负责材料工艺难关的攻克，等等。在大家齐心协力的努力下，中近程导弹有了突破性进展。

"加强地面试验，凡是能在地面试验证实或模拟试验证实的，不要带到飞行试验中去考验。"钱学森总是这么叮嘱屠守锷他们。这个思路被科技人员们称为是"把故障消灭在地面上"。

经过17项大型地面试验，中近程导弹得到了极大的改进，可行性和有效性都充分提高。

1964年6月29日，对屠守锷和国防部五院所有参与东风二号中近程导弹改进工作的科技人员而言，是一个难忘的日子。

同样是在酒泉试验基地，准备就绪的导弹静静伫立着。这次能顺利飞行吗？会不会重蹈覆辙？屠守锷的心悬在了嗓子眼。

"三、二、一，发射！"

随着一声响亮的命令，导弹按照预定的弹道飞了出去。屠守锷和所有科技人员眼睛都不敢眨一下地盯着导弹飞出的方向。令人欣喜的是，这一次，导弹没有出任何状况，非常顺利地飞出去了。

当得知试飞取得圆满成功时，所有人都欢呼雀跃了起来，跟上次一样，有人哭了，只不过这一次是喜极而泣。

在这之后，我国又相继发射了两枚东风二号导弹，都取得圆满成功。这份成功的意义是重大的,对国防部五院这支年轻的导弹研制队伍而言,也是一个巨大的鼓舞,这意味着我国已初步掌握了地地导弹的设计技术,为以后取得更高层次的成功打下了坚实的基础。

为了挖掘东风二号导弹的潜力,在后来的日子里,屠守锷他们又对导弹进行了更精进的改良。比如,使中近程导弹的射程增加20%,将控制系统改进为全惯性制导。如此一来,既增强了导弹的战斗力,也增强了它的适应能力。

又比如,"大尾巴"切除术。东风二号导弹采用的导弹制导系统是无线电制导和惯性制导相结合的混合型制导系统,由于导弹横向精度是通过无线电横偏校正系统来保证的,这就需要在发射场导弹射向的后方配置一个横偏校正阵地,这个阵地被称作"大尾巴"。

"大尾巴"对地形要求很苛刻,这大大限制了武器的适用范围和作战能力。屠守锷决定割掉这个"大尾巴"。怎么割除?其实将导弹横偏校正系统改为惯性制导系统,问题就迎刃而解了,要做这样的改变显然不容易。

经过半年多的时间,屠守锷与控制系统研究人员们群策群力,不断地对纵向、横向制导采用新的惯性制导系统,一轮又一轮的观察、比对、试验之后,惯性制导系统与导弹终于契合。改进后的东风二号中近程导弹不论是性能还是威力,都提升了很多。

1966年10月27日,我国首次在西北地区进行了导弹核武器试验，即用导弹发射原子弹，改进后的中近程地地导弹东风二号甲在试验中担当重任，运载真正的核弹发射升空，核弹头在预定的地点成功实现了核爆炸。至此，我国自主研发的导弹顺利通过了实战的考验，具备了实战效能。

1969年，经过改装后的东风二号甲导弹正式装备部队，成为我国应用到实战工作中的第一代战略导弹，我国国防实力实现了一次大飞跃。

"三十而立，四十而不惑，五十而知天命。"时至于此，在航空航天领域摸爬滚打了大半辈子的屠守锷已至知命之年。站在国防部五院偌大的院子里，他只觉人生似至一片豁然之境。他清楚地知道，我国导弹事业还有很长的路要走，他自己也定然会在这条路上继续前行。

第三章　穿越洲际的力量

在屠守锷的一生中，研制东风五号洲际导弹应该算是一个很漫长且很特别的经历。当"八年四弹"规划出炉，老成持重的屠守锷被委以洲际导弹总设计师的重任，挑起千钧重担。没有经验可循，没有技术支撑，他只能带着团队摸着石头过河。所有从无到有的创造都需要破釜沉舟的勇气和坚韧不拔的毅力，恰逢特殊时期，洲际导弹的研制一波三折。再正常不过的失败被有心人制作成带有颜色的"帽子"扣在屠守锷头上，他一度被戏称为"常败将军"。一边是技术上的僵局，一边是生活上的干扰，总设计师屠守锷也迷惘焦虑过，也无所适从过，终究，他在黑暗中觅得一盏信念的明灯，循着那点灯光，他攻坚克难、笃定前行，收获了破晓的阳光。在经历了半程试验和全程试验的检验后，洲际导弹最终准确着落太平洋预定海域，在偌大的大洋中染出了一片亮丽的翡翠绿，展示出了属于中国的胜利。这一成绩又一次让世界惊叹，让国人自豪。洲际导弹成功了，中国航天插上了腾飞的双翅。

"八年四弹"规划

在我国导弹发展史上，"八年四弹"大名鼎鼎。

所谓"八年四弹"规划，即在1965—1972年这八年时间里，研制出中近程弹道导弹、中程导弹、中远程弹道导弹和洲际导弹。这一规划是在1965年3月20日，周恩来总理主持的中央专委第十一次会议上被批准的。后人将这一规划称为"八年四弹"规划。

"八年四弹"规划提上议程经历了一个曲折的过程。在主持中近程导弹故障排查工作时，屠守锷领导的研制团队经历了考验，也积累了经验。1963年4月2日，首届科学技术委员会年会召开，屠守锷代表一分院在会上做了《地地导弹技术发展途径和步骤》的报告。在这个报告中，他分析了导弹射程、分类、级数和弹体直径及制导方式等十几个问题。我国从仿制起步一直到研制洲际导弹，在技术上采取什么途径、哪些步骤，报告中都说得很清楚。

专家们对屠守锷的报告进行了充分的论证，钱学森很是赞同屠守锷的报告内容。

后来成为中国科学院院士、长征三号运载火箭首任总设计师的谢光选认为，屠守锷的这篇文章"是一个技术发展奠基的文件"。他觉得途径、步骤选对了，预研课题就有了方向，这使航天人在预先研究方面节省了经费、赢得了时间。

值得说道的是，就是这个报告为后来的"八年四弹"发展提出了设想。

在当时，加强我国国防现代化建设，加速发展尖端技术迫在眉睫。早在1961年，钱学森就向聂荣臻元帅建议成立由专家组成的国防部五院科学技术委员会，专门做尖端武器的技术"高参"。1962年2月，经聂荣臻批准，国防部五院科学技术委员会（简称"科技委"）成立，由钱学森担任主任，任新民、屠守锷、庄逢甘、吴朔平、梁守槃、蔡金涛等担任副主任。下设16个专业组。

肩扛重任的屠守锷对导弹的研制工作殚精竭虑。他先是组织国防部五院各有关单位收集资料，研究国内外相关技术发展情况，并邀请知名专家展开座谈和研讨，根据我国的实际情况，提出在我国发展地地导弹技术的初步设想。之后，逐渐形成"八年四弹"规划。

一开始意见并不统一，有人认为当时不确定性因素太多，没必要大张旗鼓地搞规划，万一实现不了呢？对于这种看法，聂荣臻马上就反驳了，他说："科学研究是一种创造性的劳动，自然有许多探索甚至失败，硬性规定时间实现某项具体目标是不合适的。但是，根据需要和可能，提出研究课题、探索途径，对预期取得的目标和进度作出预测，则是必要的。"

聂荣臻的话给屠守锷他们吃了颗定心丸。那段时间，钱学森也一门心思花在导弹研制规划上，对屠守锷的很多想法，钱学森都表示支持，并且要他放手去做，这让屠守锷信心更足了。

群策群力之后，屠守锷领导的地地导弹规划研究小组提出了地地战略导弹研制规划分四个步骤实施的构想。在技术途径上，屠守锷他们提倡采用可贮存液体推进剂，并且同时加强固体导弹的研究；在单级导弹研制成功的前提下，过渡到多级导弹的研制工作……

1963年，在国防部五院科技委年会上，专家们对规划进行了最后一次集中讨论，形成了《火箭技术发展途径的意见》。随着我国国防尖端技术取得重大突破，为适应导弹和火箭技术发展的更高要求，国防部五院于1964年11月完成了自建院以来最大规模的改组。在原来的基础上，增加了若干个工厂和科研所。一分院成为第七机械工业部第一研究院，简称一院，即运载火箭技术研究院。屠守锷仍然担任副院长。

新的规划对国防部五院而言是一件大事，对国家来讲更是。规划是否合理，是否可行，参与论证的人越多越有保证。中央决定，发动群众就制定地地导弹规划进行大讨论。1965年2月18日至3月7日，在时任七机部部长王秉璋主持下，约3000名科技人员、干部和工人对研制地地导弹进行了大讨论。为了使讨论的效果更好，七机部在规划论证工作上采取了两个"三结合"，即领导干部、技术人员和工人"三结合"，设计、生产和使用单位"三结合"。如此一来就充分尊重了各方面的意见，征集的意见也全面、广泛。

基于大讨论形成的共识，又结合屠守锷的《地地导弹技术发展途径和步骤》的报告，3月11日，七机部形成了《地地导弹发展规划（1965—1972）》。发展规划提出：从1965年至1972年用8年时间研制出东风二号甲中近程导弹、东风三号中程导弹、东风四号中远程导弹和东风五号洲际导弹，史称"八年四弹"规划。除了列出了计划研制的四种导弹之外，规划中还提到了优先发展液体导弹，抓紧研制固体导弹；重点发展战略导弹，同时也兼顾发展战术导弹；在发展弹道式导弹的基础上，发展卫星和运载火箭等。从这个意义上来讲，"八年四弹"不仅是一个大方向的规划，而且落实到了具体的操作指引。

如此一项重要且庞大的规划顺利出台自然是一件令所有人欣喜的事情，有了规划，行动起来就有了方向，不会打乱仗。可在当时的情况下，"八年四弹"必然面临着两个绕不过去的问题。一个是当时国防建设的需求与国家经济实力薄弱之间的矛盾。众所周知，要研制导弹，投入是相当大的，可在当时国家的经济捉襟见肘，根本拿不出太多的资金来搞研究。另一个是导弹的技术要求高和国家科学技术基础薄弱之间的矛盾。我国导弹研究刚刚起步，本来能给予一定帮助的苏联已经撤走了所有专家，一切都靠我们自己摸着石头过河。这两个矛盾就像是两座大山，横亘在一院技术总负责人屠守锷面前，横亘在所有即将投入导弹研制的科研人员面前。

"八年四弹"，势在必行。既然承担的是家国重任，那么就算在再艰苦的条件下，也要咬着牙去实现规划目标。既要少花钱，又要保证导弹达到先进水平。为此，屠守锷绞尽了脑汁。

此前，在发展国家尖端武器上，中央军委已经确定了方针：两弹为主，导弹第一。

1964年10月16日下午3时，在新疆罗布泊，随着一声巨响，一朵蘑菇烟云腾空，我国第一颗原子弹爆炸成功，成为继美国、苏联、英国、法国之后，世界上第五个拥有核武器的国家。全国上下沉浸在一片欢呼声中。在当时各方面条件都很艰难的情况下，我国科学家能制造出原子弹着实难能可贵，这一声"东方巨响"有力地打破了西方大国的核垄断，震惊了全世界。

原子弹的成功爆炸让同样奋斗在核武器战线上的屠守锷振奋不已，同时也倍感压力。"导弹第一"该怎么去实现？要想跟上国家的发展步伐，尽快制定航天技术发展规划迫在眉睫。

好在，经过了前面几年艰辛的历练，国防部五院这支队伍不论是在技术水平上还是在管理能力上都得到了很大的锻炼，同时在仿制和独立设计上也掌握了一定的技术，具备了较强的科技攻关能力。

对国外先进技术的研究不可或缺。事实上，屠守锷从来没有中断过对国外技术的研究。不仅仅是他，还有他的队友们，此时都铆足了劲，上上下下充溢着高涨的建设国家国防、为国争光的热情。但是要在少花钱的基础上保证先进水平，自然不能亦步亦趋地循着外国人的路来走。一方面时间不允许，另一方面经济不允许。要在短时间内研究出合乎要求的导弹，这就要求屠守锷和他所带领的团队充分发挥主观能动性，充分创新和突破。

在哪些方面有创新和突破的空间呢？屠守锷经常与同事们交流、讨论，逐渐理清了自己的思路。首先是在型号上。国外的型号很多，可以说是纷繁复杂。可这种多型号是建立在强大的财力投入基础上的，当时我们国家并没有足够殷实的财力支撑，也就只能集中力量办大事，集中优势资源攻克某一种导弹型号，争取在总体功能和性能上"有所赶超"。其次是在技术上。要想缩短跟发达国家在导弹研制上的差距，就必须取得跨越式的进步，而不是亦步亦趋跟在别人后面。花钱较多的技术项目也是屠守锷他们重点关注并且需要进行深入论证和研究的内容，因为他们要尽量选择花钱较少的技术途径。既要达到预期效果，又要控制成本，这自然是一个高难度的要求，但在当时的情况下必须这样做。

当屠守锷跟同事们提出这些观点时，大部分同事表示认同。"八年四弹"规划也就在屠守锷等一批老专家尽心竭力的推动下一步步进入研制，一步步走向成功。当然，过程是漫长且艰辛的。

今天，当我国尖端技术已经步入先进甚至是领先的行列时，我们再来回顾这一径长途，不得不折服于其波澜壮阔、曲折蜿蜒的艰难历程。正是在曲折的过程中，我们看到了屠守锷等老一辈科学家的风骨，看到了他们为我国航天事业所作出的努力与拼搏、付出与贡献。时至今日，这种大无畏、勇向前的精神，仍激励着一代又一代后来人。

不一样的材料

仿若一阵风，屠守锷旋进了材料专家姚桐斌的实验室。

这会儿，姚桐斌正在指导办公室的年轻科技人员们做试验，看到屠守锷，他停下手中的事情，跟学生们交代了几句之后便走到了屠守锷的跟前。

"桐斌，有个事，非你不可！"屠守锷抓住姚桐斌的手臂，似要求又似恳求地说。

姚桐斌，江苏无锡人，我国著名冶金学、航天材料专家，火箭材料及工艺技术专家，亦是后来的"两弹一星"功勋奖章获得者。屠守锷长姚桐斌几岁，两人在工作上有着同样的严谨，话不多，却常常有着心照不宣的默契。

"屠总，你说的是洲际导弹的事吧？"姚桐斌朝屠守锷会心一笑说道。

屠守锷惊讶地打量了一番姚桐斌。之后，深深地点了点头："对，桐斌，你既然能猜到是洲际导弹的事，应该也已经明白具体是什么事了。能否找到合适的材料就看你的了。为洲际导弹的贮箱设计选材料，这个任务很艰巨，也至关重要，你愿不愿意，或者说有没有信心接过重任？"

姚桐斌收起了笑容，脸上瞬间挂上了严肃的表情，沉思了一会儿后，他斩钉截铁地说："屠总和组织上既然把这么重要的任务交给我，我定竭尽全力，不辱使命。"

事情发生在屠守锷被任命为洲际导弹研制任务技术总负责人后不久。对屠守锷而言，"洲际导弹"恐怕是他航天生涯中最长的一个故事。在"八年四弹"规划中，随着中近程（改进型）导弹和中程导弹、中远程导弹逐渐取得突破，洲际导弹成了重中之重。

洲际弹道导弹的设计思想最早可以追溯到20世纪三四十年代，纳粹德国著名火箭专家沃纳·冯·布劳恩向纳粹政府提议设计A-9/A-10多弹头洲际弹道导弹系列。由于二战德国战败，这些构想终究没能实现。最早的中程弹道导弹则是冯·布劳恩在二战期间主持设计制造的 V-2 火箭，V-2 装备的是液体燃料发动机和惯性制导系统。二战结束后，冯·布劳恩等一大批曾为纳粹服务的德国科学家被俘，并被秘密转移到美国，为美国效力。

美国和苏联从第二次世界大战就开始研制洲际弹道导弹。1957 年 8 月，苏联首次试射成功第一枚 SS-6 洲际弹道导弹；美国第一枚洲际弹道导弹"宇宙神"也于 1959 年开始装备。显而易见的是，洲际导弹的成功研制奠定了美国和苏联的超级大国地位。

接过技术总负责人的重任后，屠守锷铆足了劲，他要为中国国防实力的强大而战。第一件事，屠守锷着手组织方案论证。事实上，洲际导弹技术方案的酝酿早在一年前，也就是 1964 年就已经开始。我国洲际导弹采用的是串联式两级导弹的结构方案，这种方案所设计的导弹尺寸都比较大，之前的东风号都是小型火箭，屠守锷他们的设计团队恰恰缺乏大型导弹的设计经验。其次，洲际导弹作为一种极具先进性的导弹，它需要的技术也同样先进，在当时，我国国内计算机制造技术比较落后，很难满足设计上的需要。这些都增加了研制洲际导弹的难度。虽然在 1964 年 1 月国防部五院的规划草案中就已经提到了研制洲际导弹，并开始着手成立相应的方案论证小组，但技术方案一直没有确定下来。

"要知道，我们正在研制的是要能满足实战要求的武器！"在开方案论证会之前，屠守锷带领着他的团队已经做了大量的调查研究和科学试验。在方案论证会上，屠守锷提出了自己的想法，"我们一定要将洲际导弹研制成性能先进的导弹。"

俗话说题为文眼，对洲际导弹而言，这个"题眼"指的可能就是它的直径。在"八年四弹"的规划中，洲际导弹的直径被确定为3~3.2米之间。在日常生活中，0.2米的区间并不大，但在导弹这种精细化的高尖端科技中，0.2米的区间却足以让人大费周章。

"中近程导弹的第一次飞行试验就是没有考虑到细长的导弹在飞行中会产生弹性振动而失败，失败的滋味可真够打击人的。"一位参与过中近程导弹设计的技术人员垂丧着脸说道。他继续感慨道，"所以，我们要充分吸取教训。洲际导弹，我认为它的直径要尽可能大一些，最好是取最大值，这样一来，导弹就会粗壮一些，飞行时所产生的振动也就小一些。"

屠守锷点点头，向这位说话的设计人员投来赞许的眼光。说实话，中近程导弹的那次失败的场景，至今深深刻印在他的脑子里，作为洲际导弹技术总负责人，屠守锷比任何人都怕重蹈中近程导弹的覆辙。只是，所有的努力都必须建立在眼下的现实基础上，不然也容易竹篮打水一场空。

"如果导弹直径过大，必然要增加运输成本，这还是其次，关键还在于怎样顺利实现它的运输。诸位可以思考思考。"屠守锷抛出了一个问题。

会议过后，技术人员们埋头沉入多种调研工作之中。中国是一个地表环境复杂且辽阔的国家，特别是山地多，如此一来，导弹避免不了穿越山岭。在众多交通方式中，铁路运输是技术人员们经过多方比对之后，一致认为最合适的导弹运输方式。走铁路运输需要穿越崇山峻岭，隧道、涵洞、桥梁等特殊的通道遍布在铁路线上，洲际导弹要顺顺利利地实现运输，隧道、涵洞等的普遍承载力必须纳入考虑范畴。直接影响导弹运输的一个重要内容就是导弹的直径取值，因为它关系到导弹的大小和重量。

多次深入讨论之后，屠守锷和他所带领的导弹方案组最终决定：洲际导弹的最大直径为 3.35 米。这个数值怎么来的？屠守锷他们以通过铁路涵洞的特殊外形、铁路运输车的最大允许直径作为技术上的外部约束条件，又综合考虑了导弹的大小和重量，计算得出"3.35"这么一个数据。

当时的任何一个决定都会对后来导弹的发展带来重大影响。后来有人做了计算，这样的直径设定使我国以洲际导弹为基础的长征系列火箭运载能力普遍提高了 20%~30%。这是后话。

眼下，回到屠守锷主持洲际导弹的时代，确定洲际导弹的直径还只是第一步，前路漫漫，无数的挑战在等着他们。

导弹的射程至关重要，这是屠守锷他们不得不重点考虑的问题。怎么去提高射程？减轻结构重量是必要一环。为此，屠守锷又组织了多次论证，设计人员们聚在一起，一次次进行头脑风暴。

"结构减重，大家都知道，实施手段取决于选用的材料以及由此决定的结构形式。在我们的洲际导弹中,贮箱长度占导弹全长的60%以上,减轻它的结构重量至关重要。问题来了,我们该选用什么材料来做贮箱设计呢?"屠守锷将一个核心问题抛给了设计人员。

这可不是一个容易的活儿。推进剂贮箱是弹体的一个主要承力构件,需要足够的强度和刚度,但要增加导弹射程又需得减轻其结构重量。这怎么看都是一个矛盾的要求,要尽可能好地完成洲际导弹的设计,又必须将这个矛盾处理好,从中找到一个合适的尺度。

谁能把握好这个尺度?屠守锷在实验室里踱步、思忖。突然,他眼前一亮,似乎想到了什么,拾掇起笔记本和笔,匆匆往外走去。

他盯准的点正是材料,他找的人正是材料专家姚桐斌。

接过任务,姚桐斌半刻也不敢停歇。这显然不是一个人、一个单位可以完成的事情。需要哪些单位的共同努力呢?姚桐斌在心里绘出了一张清晰的图谱。总体设计部、材料工艺研究所、导弹总装厂、冶金部等多个单位出现在了他的图谱上。将各个单位和部门联动起来以后,一遍又一遍的工艺试验开始了。或许,在科学的世界里,所有的语言都是苍白的,科学只能用事实说话,试验与试验结果才是一门独特且权威的语言。

无数次的试验之后,姚桐斌他们得出了一个突破性的结论:采用高强度铝铜合金作为推进剂贮箱的结构材料能够减轻导弹结构重量，同时不影响导弹的使用和性能。

　　跨越铝镁合金的阶段，直接采用铝铜合金材料，这在我国导弹研制史上是一个重大技术决策。如若成功，将推动我国导弹研究迈上一个新台阶。

　　但凡是新技术和挑战性的决策总会面临极大的应用风险。铝铜合金材料的焊接性能较差，这可以说是铝铜合金材料非常突出的缺点。贮箱制造中却需要采用大量的焊接工艺，焊接性能差的技术难题怎么看都是一个尖锐的矛盾，洲际导弹最终确定采用铝铜合金材料本身就冒着极大的风险。顶着这个风险，屠守锷又一次陷入了沉思。

　　"屠总，铝铜合金试验片的焊接系数太低了，我们已经做了很多次试验，都只能达到0.5。您知道，0.5的焊接强度只是原材料断裂强度的一半，这可咋整啊？是改材料还是继续试验？请您决定。"一天，设计人员神色匆匆地跑来向屠守锷汇报。

　　听了设计人员的汇报，屠守锷的眉头紧锁。如果焊接的问题解决不好，别说减重无法实现，就是最基本的导弹性能都没法保证。更重要的是，好不容易树立起来的团队信心，可能也因此而动摇。

　　"屠总，屠总……"见屠守锷半天没说话，设计人员打断了他的沉思。

　　"哦，你继续试验。我会尽快安排大家一起来研究对策。"屠守锷说。

几天后，在一个阳光明媚的日子里，一个重要的会议召开了。

"今天召集各位来，是要探讨一下推进剂贮箱材料的事情。铝铜合金材料在焊接性能上系数太低，我们相关的设计人员正为此发愁。大家都是各个分系统的负责人，我希望听听大家的意见。"屠守锷开门见山地说。

大家面面相觑，对于这个问题，每个人都有自己的想法，要说明白却不是三言两语能说清楚的。

"采用铝铜合金确实风险很大，可是我们没有更多的选择。"有人说。

"我们的洲际导弹射程要达到8000~14000公里，从目前的情况来看，铝镁合金材料实现8000公里没有问题，可是以后呢？未来呢？我们不能仅仅达到这个射程吧。"有人说。

"依我说，采用铝铜合金材料是提高射程势在必行的途径。既然如此，我们也没什么好犹豫的，既然避不开，就去攻破它，若非如此，未来我们还是要冒更大的风险。"有人说。

……

大家你一言，我一语，虽然内容各异，却总体意见趋于统一，那就是采用铝铜合金材料，再艰难、再冒险，也必须一试，因为这是我国洲际导弹取得突破的必由之路。

"大家的意见我深表赞同，目前，我们的研究院是我国唯一一个运载火箭技术研究院，我们所做的一切都代表着国家的水平，关系着国家的利益和安全。采用铝铜合金材料，眼前是有困难,却是我国火箭研制方面缩短与世界之间的距离的唯一出路,只许成功不许失败。所以……"屠守锷提高了语调,语气也更坚定地说,"我们的推进剂贮箱只能采用铝铜合金!请大家务必克服一切困难,攻克难关,不辱使命,完成国家交给我们的重任。"

屠守锷这个总设计师的决心给所有设计人员吃了定心丸,虽然横亘在眼前的困难还没有找到解决的办法,但决心所催生的信心让大家备受鼓舞。接下来,为适应铝铜合金材料研制出适用的焊条,探索更先进的焊接工艺成了所有人下一个要齐心协力攻克的难关。

一股白烟

夜色像一袭幕布盖向了整个研究院,实验室却还在频繁地传出"刺刺啦啦"的电焊声。

自从确定了用铝铜合金材料之后,攻克焊接难关成了整个洲际导弹研发团队的重中之重。为此,屠守锷亲自操刀,率领焊条攻关队伍,吃住全在实验室,做了无数次的试验。最开始的那段时间,队伍几乎陷入了绝望的境地。试验所做出来的焊条质量之差竟然一度超出了设计要求的最下限。这深深打击着大家的信心。

"大家不要灰心,我们必须得坚持,必须得找到解决方案。"屠守锷给大伙加油打气,同时也下达了死命令。

从失败的阴影中迅速调整情绪之后,大伙儿开始琢磨新的突破方案。就这样,在失败中积累数据和经验,在探索和试错中摸爬滚打,仅焊丝化学成分的配方,攻关组就试用了500多种。再困难的事情都经不住一个团队长时间齐心协力的攻坚,最终,屠守锷带领着设计团队研制出了理想的焊丝。

成功的那一刻,屠守锷严肃的脸上舒展开了久违的笑容,那笑容仿若是刺开阴霾的一缕阳光。看似小小的焊接工艺却是我国洲际导弹研制过程中颇为关键的一环,如果没有焊接工艺的突破,就没法正常使用铝铜合金材料,我国洲际导弹的射程就无法取得突破性进展。可以说,研制团队当年咬牙攻克的技术难关实则是为洲际导弹作长远规划,时至今日仍有着深远意义。

回到当年的实验室。焊接工艺攻关成果并不意味着就一劳永逸了,至少,那一股白烟吓了屠守锷一跳。

那是在洲际导弹制造出来之后,第一次试飞中,当导弹飞到一定高度时,突然从弹体处冒出一股白烟,而这个位置正好是贮箱所在处。本来贮箱采用铝铜合金材料,屠守锷他们就冒着很大的风险。飞行过程中突然冒出一股白烟,屠守锷的第一反应就是"不会是贮箱焊缝出问题了吧?"一种不祥的预感像乌云一样飘进了他心里,笼罩着五脏六腑。在弄清楚具体情况前,他终究没有轻易下结论。说来奇怪的是,导弹虽然冒了白烟,这次飞行试验却没有发生意外,这股白烟到底对导弹有没有负面影响?这个问题在屠守锷心里始终没有放下。

其实,何止屠守锷这么想,业界上下早已因为这股白烟炸开了锅。对屠守锷的指责声、怀疑声此起彼伏,这些指责声多半指向铝铜合金材料。毕竟国家付出了那么多人力、物力、财力,科研人员付出了那么多心血,大家都不希望在一个不确定的问题上功亏一篑。白烟问题一天没有合理解释,这种质疑声便一天不会停止。

屠守锷听到了这些质疑,此时他比任何人都更希望为白烟找到一个合理的解释。他的脑海中一遍遍过滤着导弹贮箱的每一个细节,可就是想不出来到底是哪里出了问题。"白烟到底是怎么来的?"这个问题困扰着屠守锷,让他食不好,寝不安。

"屠总,请等一下。"一天,屠守锷正埋头匆匆走在路上,突然被一位科技人员叫住了。

屠守锷停下脚步,上下打量着这位科技人员。他穿着一身灰色的工作服,约莫二十岁,脸上写满了初出茅庐的稚气。恰恰是这稚气吸引屠守锷驻足,因为他显然从这稚气中看到了一股初生牛犊不怕虎的激情和勇敢。屠守锷的思绪回到了二十多年前,自己刚从学校步入社会也是这番模样。时间真奇妙呵,活脱脱改变了每一个人的模样,又似乎从未改变。

看着眼前的青年，屠守锷恍惚间觉得自己还是这般年轻模样。

"小伙子，你找我有什么事吗？"屠守锷微笑着向来人问道。这些天，屠守锷因承受着巨大的压力而显得面色阴沉，可面对眼前的年轻人，他要拿出绝对的温和与友好。

"屠总，打扰您几分钟时间。关于白烟的问题，我在一本杂志上看过一篇报道，说是导弹飞行到一定高度，只要湿度和温度都适宜，就会产生白烟。所以，如果这个说法可靠的话，那么白烟的产生就是正常现象，不会对导弹产生不利影响。"年轻人语速轻快，有条不紊地跟屠守锷说着自己的想法。

"请你赶紧帮我找到这本杂志好吗？我想看一下。"还没等年轻人说完，屠守锷就迫不及待地要求道。如果小伙子的说法可靠，那么这无疑是他最近听到的一个最好的消息。

"好的，屠总，我这就回去找这本杂志。"年轻人欣喜地说。

"请务必找到，找到后直接送到我办公室。"屠守锷叮嘱道。

几经周折，这位年轻的设计人员找到了那本杂志。拿到杂志后，屠守锷仔细研读了文章，大喜过望。他拿着杂志迅疾跑到几十公里外的空气动力研究所请教。

"庄先生，请帮我看看，这种说法是否准确？"见到空气动力研究所所长、著名空气动力学专家庄逢甘，屠守锷顾不得坐下来，就匆忙拿出杂志，道出了此行的原委，并指着杂志上那段关于"白烟"的文字请教庄逢甘。

庄逢甘，1925年出生于江苏常州，1946年毕业于交通大学航空工程系，1947年赴美国加州理工学院攻读航空工程，先后获硕士、博士学位。1956年调入国防部五院，后来的日子里，他筹建空气动力所和风洞建设工程，组织领导了我国主要的空气动力学实验基地建设，建成了从低速风洞到高超声速风洞的成套设备，并组建了一支空气动力研究的骨干队伍，为我国航天事业作出了突出贡献。

听了屠守锷着急前来的原委，庄逢甘深知这件事情的重要性。虽然在空气动力学方面他本人见多识广，但是关系到我国洲际导弹，那可容不得半点马虎，任何一个问题都需要充分论证。

"屠总，这个问题关系重大，我个人无法给出确切的答案。请给我几天时间，我一定给你一个准确的答复。"庄逢甘将杂志收了起来，郑重地说道。

"那就拜托了！"屠守锷紧紧握住庄逢甘的手。

屠守锷走后，庄逢甘立即组织科技人员开展研究。接下来的那个星期，"白烟"问题成了空气动力研究所最重要的研究课题。经过科技人员反复研究和验证，最终，庄逢甘他们证明了白烟和贮箱焊缝无关，是一种正常的现象。

一个星期后，庄逢甘带着这个好消息来到屠守锷的办公室，屁股还没落到椅子上，他就忍不住说话了。"屠总，告诉你一个好消息。"庄逢甘笑意盈盈地说。

"是不是'白烟'问题有结果了？"屠守锷问。

"正是，正是。"庄逢甘从袋里掏出一份实验报告递给屠守锷，"喏，这是报告。通过我们反复试验，确定'白烟'问题如你之前送来的那本杂志所说，属正常现象，跟焊接无关，跟铝铜合金材料也无关。"

"这可太好了。"屠守锷扶了扶眼镜，庄逢甘说话的这会儿工夫，他已经端坐在办公桌前仔细研读报告了。当看到报告上白纸黑字写着"白烟问题实属正常现象"时，他悬着的心终于落了地。此刻，阳光从窗户口照到了他的桌面上，那一缕阳光也恰似屠守锷此时的心情。

在洲际导弹的研制过程中，诸如此类"白烟"问题几乎是常态。每每此时，屠守锷都会像对待"白烟"问题一样，反复斟酌，还时常去请教专家，总之要把问题搞透彻才肯罢休。

在动力系统设计方案中，推进剂贮箱的增压方案也是一项重要的课题，像贮箱材料的选择一样，在论证初期，设计人员的意见不统一，分立在自生增压和化学增压两个阵营。所谓自生增压，就是用推进剂汽化后的蒸汽给贮箱增压；化学增压，则是用推进剂燃烧后产生的燃气给贮箱增压。无论是采用哪种增压方式，为了保证发动机的泵入口处有足够的压强，增压都势在必行。经过论证之后，总体设计部最终决定采用自生增压的方案。

液体火箭发动机通常借助高压气体的压力，或者是用高转速的泵，将贮箱中的推进剂输送到燃烧室。于洲际导弹而言，屠守锷他们一开始论证的方式是利用气瓶挤压实现输送。在当时，采用这种结构简单、制造便宜，且可靠性强的方案是合情合理的。可是，1967年下半年，情况发生了变化——研制返回式遥感卫星的任务被提上了日程。更重要的是，在方案论证的时候就已经确定了发射卫星的运载火箭将在洲际导弹的基础上进行设计。这就意味着，洲际导弹研制的任务变得更复杂了，不仅要承担洲际导弹的功能，还要考虑改装运载火箭的发射需要。如此一来，原来所准备采用的输送方式便不再适用了。设计人员又提出了新的方案，即采用小涡轮泵供应推进剂。"这样既能增大火箭的运载能力，又可以实现卫星在小推力条件下入轨。"有人说。

新方案显然是最合适的。但问题又来了，这是一个全新的课题，时间紧，任务重，能否按期攻关？这一点，屠守锷毫无把握。洲际导弹必须按期完成规划任务，显然采用挤压式增压更有保障。但为运载火箭的未来考虑，迟早得采用泵压式方案。最终，屠守锷决定将挤压式和泵压式两个方案同时进行，这是一个既保险又最具前瞻性的决定，操作起来难度也最大。

"中国只有一个运载火箭技术研究院，在运载火箭技术方面，我们是代表者和执行者。"在讨论会上，屠守锷跟设计人员们强调，"大家一定要谨记，我们考虑问题一定得从国家利益出发，得从长远发展出发。"

"国家利益"，在屠守锷的心目中，这是一个终极标准。为了最大化实现国家利益，他既要保证眼下的工作顺利进行，又必须从长远的角度考虑问题。

这样的抉择在洲际导弹研制过程中不胜枚举。直至1966

年7月，洲际导弹除了控制和弹头两个重要分系统还需要继续论证之外，其他大部分设计已经完成。1966年，随着"文革"的爆发，正常的科研秩序被打乱了，这给屠守锷他们的工作增加了许多技术因素之外的困扰。在我国基础工业相对落后的情况下，这考验着研究、设计、工艺、试制等方方面面的能力。

控制系统是采用新技术较多的分系统，特别是制导系统，几乎全都采用了新技术。为保证命中精度，制导方案被反复讨论。除了对制导系统、伺服系统等系统研究耗费了大量的人力物力之外，导弹弹头的研制也非常困难。在导弹重返大气层时，飞行的速度比声速还要快一二十倍，在如此快的速度下，弹头表面温度会达到2000~3000℃。因此，解决高温防热的问题成了导弹研制的重中之重。

要解决这一系列难题并不容易，直到1968年1月，洲际导弹的方案才基本确定下来。不过，还有两个问题仍然遗留着。一是洲际导弹应用的新技术多，还有少量新技术没来得及做试验；二是二级主发动机是否采用高空喷管，游动发动机是否采用小涡轮泵，还没有确定下来。之后又经过了两年的试验研究，才最终于1970年初将全部技术方案确定下来。

在研究技术方案的同时，屠守锷他们还要考虑许多特殊的问题，比如飞行试验的特殊弹道研究。洲际导弹的射程远，而上级机关又规定了洲际导弹必须在国内进行飞行试验，那就意味着飞行试验时，洲际导弹的落区只能选择在海上。

"通过我们技术人员大量的分析和计算,我们认为现在有高、低弹道几种试验方案。"总设计部余梦伦跟屠守锷讨论弹道问题。

余梦伦,我国航天飞行力学、火箭弹道设计专家,为解决远程火箭在国内试验的弹道设计问题作出了卓著的贡献。

"我们是否可以改射程关机为速度关机,模拟再入环境?这样一来,我们就可以让洲际导弹在飞行试验之前,在国内进行短程飞行试验,对导弹先进行一个全面的考核。"余梦伦侃侃而谈。这个想法让屠守锷眼前一亮,也让其他的上级领导眼前一亮,方案很快被批准。

事实证明,余梦伦所提出的方案开创了我国在有限射程范围内进行远程导弹试验的先河,且结果是卓有成效的。

……

万事开头难,对总设计师屠守锷而言,整个洲际导弹的研制过程都是充满艰辛的。在特殊的年代,除了技术上的艰难,还有大环境的压力。洲际导弹对屠守锷来说是技术大考,也是生活大考。

在杳无人烟的荒漠戈壁,夏日的白天往往像个蒸笼,日光直射,高温难耐,人一不小心就会中暑晕倒。冬天十分寒冷,肆虐的北风卷起尘沙,恨不得要从人身上刮下一层皮肉。导弹研究有时在国防部五院的实验室中,有时也要在发射中心的苛刻条件下进行,研究人员夜以继日坚持着,汗水和血泪累积,生成了一串串数据,一项项成果。

发射倒计时

沉沉暮色下，比暮色更沉的，是副总设计师们的脸。

他们，刚在国防科委开了一天的会。会议围绕洲际导弹展开，效果却并不理想。工作进度太缓慢，很多项目的攻关迫在眉睫，技术力量短缺是一块大短板，纵是再没日没夜地工作都安排不过来。任务必须完成，怎么办？大家坐了下来，你一言，我一语，围绕接下来的工作如何开展探讨开来。

"人家上海遇到这样的问题都是采取全市大会战的形式，通过优势互补，集中兵力打攻坚战，问题越辩越明，总能迎刃而解。我们何不也学学人家？"发动机专家于龙淮抛出了大会战的话题。生于动乱年代的于龙淮，父母都是知识分子，早年间留学苏联。经历与环境熏陶了他丰富的情感，这样的他也更喜欢用发散性思维思考问题。

于龙淮的一席话一下子将大家的情绪调动起来了，仿若昏暗的房间突然亮起了一盏灯，明不明亮暂且不说，有了灯总算是有了光亮。

"大会战是个好办法，多一个人多一份智慧。如果这样的话，我们首先就有一个问题值得探讨，什么项目适合用协作方式解决？"有人发问。

"导弹虽然是军工产品，但具体的项目与非军工产品并没有本质区别，这些项目，我认为可以采取协作方式解决。属于总体和核心部分的项目就保留在部内研制。"于龙淮思索了一会儿说道，他向来是个直率的人。

大家你看看我，我看看你，都不约而同地点点头。刚刚还紧缩的眉头渐渐舒展。

"如此甚好，我现在就给王秉璋司令员去电话，建议借鉴上海模式，采取大会战的方式攻关洲际导弹的部分问题。"说完，屠守锷果断地拿起电话，滴滴答答摁下了一个电话号码。

王秉璋，1955年被授予中将军衔，是第一、二、三届国防委员会委员。1962年6月开始，任空军第一副司令员兼国防部第五研究院院长，之后，又兼国务院第七机械工业部部长。1968年12月起到1971年9月任空军第一副司令员兼国防科学技术委员会第一副主任。洲际导弹研制时正好是他在主持工作。

电话通了。听了屠守锷的汇报，王秉璋来了兴致，他当即表示第二天一早就去请有关领导机关对大会战进行研究。不久，这件事情就定下来了。

1970年春，国防科委、七机部、国务院有关部门和北京市一起，动员相关工厂、科研单位、高等院校等178个单位，共同举行大会战，会战的主题是对以洲际导弹为主的型号技术开展协作攻关。

王永志就是这时候被抽调过来参加京沪两地洲际导弹大会战的。时隔多年后，王永志回忆："洲际导弹大会战，北京市调了160多个单位,承制1000多项生产任务,效果还是很好的!"

王永志,1932出生于辽宁昌图,航天技术专家。对屠守锷而言,王永志是晚辈后生。参加洲际导弹大会战时他还是个年轻技术专家。正是这样一个年轻人,在后来的日子里成为后起之秀,从屠守锷等老一辈科学家手中接过总师的火炬,担当起中国航空航天的重任,致力于中国战略导弹和运载火箭的总体设计与研制,成为中国载人航天工程的开创者之一和学术技术带头人。他曾任中国运载火箭技术研究院院长,航空航天部工业部科技委副主任暨运载火箭系列总设计师、地地导弹系列总设计师,中国载人航天工程总设计师。参加和主持了6个导弹型号、2个运载火箭型号和"神舟"系列飞船的设计研制工作。这是后话。

眼下,像王永志这样的青年才俊参加到大会战中,于洲际导弹研制是件大好事。虽然有些单位是仓促上阵,缺乏技术准备,但总体而言,大会战对洲际导弹的研制仍有着很大的促进作用。此时,对洲际导弹比较有利的条件是,在运载火箭技术研究院内部,科研攻关的重点开始向洲际导弹转移。

每逢重要的试验,屠守锷都会亲自到现场观摩、指导,关键技术的研究进展对洲际导弹的向前推进至关重要,屠守锷盯着这些关键技术,不敢松懈。到1970年底,洲际导弹的各分系统关键技术在大家的共同努力下基本被攻克。

关键技术的突破性进展让屠守锷舒了一口气。他知道,这是里程碑式的进步。稳妥起见，屠守锷设想着，先做一些导弹总体方面的试验，大致摸清楚导弹总体设计问题并予以解决，将问题扼杀在萌芽阶段，再转入试样研制。在试样阶段，仍旧有许多工作要做，只有做了大量的地面试验，通过充分的地面考核，才能对导弹总体技术状态有较为准确的把握。之后再通过飞行试验，考核导弹系统。如此层层推进才能最大可能保证洲际导弹最后的成功。

然而，在当时特殊的大环境生态下，很多工作并不由屠守锷这个总设计师决定。洲际导弹的具体落实决定权落在了军管会手中。1969年底，军委办事组由林彪控制，实际掌控了国防工业。他们全然不顾客观事实和科学规律，只想着"前三年赶上、后两年超过"世界先进水平的高指标，下达了违背基本科学规律的命令：要求五年内把14种航天器送上天。这就意味着平均每年要发射9颗卫星。在当时科技水平尚不发达、科研力量相对薄弱的情况下，这显然是异想天开。

高层的决策直接影响着科研发展。此后不久，为加快洲际导弹的研制进程，七机部改革了研制程序，缩减了研制周期，减少了试验数量……一番操作下来，洲际导弹研制的速度加快了许多，祸患也由此埋下。所有违背科学规律的做法必将受到科学的强烈反噬，后来的结果证明了这一点。

总设计师屠守锷对这段经历记忆深刻，晚年的他曾对这一阶段的工作作了如下评价：

本来在试样阶段要做大量的地面试验工作，以进一步认识所采用的新技术还有什么薄弱环节和不协调的地方。但是1970年3月，当时的七机部军管会领导要求我们争取在当年国庆节前发射第一枚导弹，向国庆献礼。我迫于形势，明知这个要求不容易办到，还是和大家商量修改了工作程序，减去了一些应做的地面试验，为在总装车间开装做准备。经过几个月的忙乱，献礼还是做不到，只得放弃，但时间已经失去了。第一枚飞行试验的导弹，在总装后才补做了本该在总装前完成的控制系统综合试验和各系统匹配试验，用了100多天，到1971年6月才勉强做到出厂时应达到的要求。如果不提出献礼的要求，大家按照计划比较充分地做好地面试验，然后再进行全弹总装测试，合格后再出厂，导弹的质量应该更好一些。

即便是在这么紧张的条件下，屠守锷仍旧坚守着聂荣臻和钱学森所倡导的"三严作风"，即严肃的态度、严格的要求、严密的方法。同时，在可能出现的问题面前也是一丝不苟。比如，在一次总装中，有一颗小钢球不见了，屠守锷硬是带着所有总装测试人员把总装厂房搜罗了个遍，最后终于在一个铁轨缝里找到了这个小钢球。因为屠守锷清楚地知道，对导弹而言，任何多余的东西都可能导致结果的失败。

又比如，在一次测试中，有人在笔录仪上发现了一个不该有的"毛刺"干扰，这个干扰时有时无。为了找出原因，屠守锷安排现场工作人员用了"最笨"的"守株待兔"的办法，等了很多个小时，终于发现了"毛刺"的原因，原来是相邻车间用电载荷瞬间突变所引发的。

……

时间来到 1970 年 12 月 30 日，这一天，洲际导弹第二级在北京远郊发动机试验站做半弹试车。等试验结束，夜已经深沉。回去的夜班车已经没有了，大家只好在办公室过夜，没地方睡就打地铺。

时值寒冬，冷风从门缝钻进了办公室，把本来就冷冰冰的办公室吹得像冰窖一样。屠守锷搬着打地铺的家什，悄然来到了门边上，在最靠外边的地面上简单铺上一层铺盖。出乎他意料的是，即便他动作再轻，还是被技术人员们发现了。

"屠总，怎么能让您睡这里呢。"突然，有年轻技术人员抢过屠守锷的被子，"我身子骨硬实，我睡这里。"

"不，我就睡这儿。"屠守锷执意不肯。

"屠总，您到里面去睡吧。"又一个年轻人搬着铺盖走了过来。

紧接着，几乎所有人都围了过来，争着要睡门边上，不愿意让他们的屠老总睡在门边上受冻。

"大家赶紧回去睡觉，今晚我睡这里，这是命令！你们得好好休息，明天还有满满的工作任务呢。"屠守锷严肃地说道。

说完,他迅速地在门边上铺好被子。

大伙儿都知道屠守锷说一不二的个性,见他竟用了"命令"一词,知道这个事情没有转圜的余地,也就只好由着屠守锷睡门边上。风冷得刺骨,大伙儿心里却暖暖的,因为他们看到了屠老总正为他们挡住了门口最冷的那一缕寒风。其实,洲际导弹的研究又何尝不是如此,承受最大压力的,正是屠守锷这位总设计师。

不久之后,洲际导弹进入全弹测试阶段。

测试人员爬上了十多米高的塔架,围绕着导弹做细致入微的检查和测试。导弹,我们知道,它全身上下很多介质都是有毒的。在这寒冬腊月,伸手摸上去,哪里都是冷冰冰的。脚虽是穿着鞋,却仿若踩在冰窖里。4名测试人员边挪动着冰冷的脚,边低着头往底下望去,不禁打了个寒战。

"各位辛苦了!"循着铁架,测试人员发现屠守锷迎面走上来了。中年的屠守锷身材有些发福,身手却矫健非常。顺着测试员的眼光,他已经爬上了铁架的阶梯。

"屠老总,您怎么来了,上头危险,有事吩咐我们就是。"这位望见他的测试员停下手中的活儿走到铁架边上,伸手就要去扶屠守锷。

"我上来危险你们就不危险?"屠守锷微微一笑,继续循着阶梯往上爬,不一会儿工夫就来到了测试员的跟前,"这里的情况怎么样?"

"都还好,就是这些地方我们有点拿不准……"测试员边汇报边领着屠守锷往"问题"的方向走去。屠守锷边认真地听他们说着话，边仔细检查着具体的零部件，"这个地方是有点问题，你要这么办……"

一两个小时飞快过去。屠守锷要下到地面了，临走，他温和地对测试员们说道："待会儿下来了别忘了去领白糖和衣服！"

4名测试员面面相觑。原来，就在前几日，他们的屠老总为他们每人争取了2斤白糖和一件空军地勤御寒服，生怕他们营养不足，冻着饿着。

在集中测试的日子里，屠守锷就这样跟测试员们一起在十几米的高架上爬上爬下，跟他们一起做试验，做数据分析。

总装从1970年11月开始，持续到第二年的6月，发现了许多问题，仅测试就用了100天。在正常情况下，总装可能连两个月都不用，这当然是前面的"赶工"导致地面试验不足所带来的后果。

看着这个结果，屠守锷很焦虑。这段时间，他觉睡不好，饭也吃不好，只要一躺到床上，脑子里就像放电影一样，导弹飞行试验的那些工作细节一遍又一遍地在他脑子里闪现。他总想尽可能地把问题消灭在地面上，不让导弹把隐患带上天。可再怎么努力，他还是无奈地发现问题总找总有，这加剧了他的焦虑。这段时间的心理压力给屠守锷埋下了终身的负面影响，以至于在后面的日子里，每次发射试验之前的那段时间，他总是精神高度紧绷，一晚上只能迷迷糊糊眯上两三个小时。

特殊的时期，屠守锷带领着这支并不常规的队伍，在艰难的条件下摸着石头过河，可以想见他的压力有多大。但是顶的压力再大，这位技术总负责人总是兢兢业业地做着每一件事情，生怕自己的疏忽给国家带来损失。

1971年6月25日，对屠守锷而言，那是个明媚的日子。

在人民大会堂福建厅，周恩来总理组织召开了中央专委会议，听取了洲际导弹第一发遥测弹的出厂汇报。

屠守锷和导弹总体设计负责人王永志等人一起参加了会议。当然，他们不是空手来的。除了带着汇报要用的材料之外，他们还带来了陀螺稳定平台和计算机等物什，为的是让汇报更直观一些。

王永志说话抑扬顿挫，颇有演讲意味。屠守锷则快人快语，干脆利落。

听完汇报，周恩来总理转头将目光投向了屠守锷，郑重地问道："屠总，你认为这枚导弹是不是可以发射？"

"该做的工作我们都做了，它的性能和状态是良好的。我们认为，这枚作为首发试验的导弹，应该得到最好的考验，以便通过飞行试验，进一步检验我们的方案，从中找出不足。"屠守锷毫不犹豫地答道。

此刻的周恩来，明确地表示："我们支持你。"

至此，洲际导弹万事俱备，只待点火。

第三章　穿越洲际的力量

首次试飞

就在离导弹发射只有一步之遥的时候，新问题出现了。

停止发射导弹！一院军管会突然下达了这样的命令。"什么原因？"屠守锷急了，接到命令，他急忙来到军管会，想要了解个究竟。

原来，军管会有些领导觉得导弹上使用的电子设备寿命都不长，而这枚导弹的总装测试时间却比较长，加上其他七七八八的时间，他们担心导弹上的电子设备通电时间已经超过了使用时间，继续使用失败的概率会很大。这还不是最紧要的，最紧要的是，如果导弹不听控制，飞出了国境，那就兹事体大了。基于这些原因，他们建议屠守锷带领的研制团队重新组装一枚导弹再进行飞行试验。

屠守锷和他带领的研制团队不能接受这样的命令。那些夜以继日的日子里大家付出了多少精力，他是最清楚不过的，撇开所耗费的人力物力不说，最主要的是，大家普遍认为导弹技术问题虽然不少，但经过这段时间认真细致的测试和修改，技术状态良好，已然具备了发射条件，完全可以用于飞行试验，失败的概率并不大，即便是失败了也能积累经验。如若导弹连发射都不进行，那就损失太大了。

争论很激烈，甚至有人将它升级为"是否服从党的领导"。

这枚洲际导弹是否上天？争执双方最后达成了一致意见：听从上级领导的决定。此时正值"文革"特殊时期，好在周恩来总理对导弹事业十分重视，特别是洲际导弹的相关事宜，他都要亲自过问。导弹是否发射的问题直接来到了周恩来总理的案头。

在原定导弹发射时间的前两天，屠守锷从试验基地被召回了北京。与他一起被召回的还有钱学森、李钟玄、王永志、梁思礼等人。召集他们的正是周恩来总理。

"各位是洲际导弹的中坚力量，今天召各位到此开会，是想听大家说说洲际导弹研制工作的实际进展，都来说说吧。"周恩来总理抛出了会议议题。

在周恩来办公室里，周总理的问题勾出了屠守锷早已准备好的一肚子话。

"周总理，我们知道，有不少人担心导弹失控飞出国界，对此，我们采取了一系列措施，我想就此问题向您做一个具体的汇报……"总设计师屠守锷率先发言说道。此时此刻，他清楚地知道国家领导人最担心的是什么，问题刚刚暴露出来时，他就组织研制团队针对被提出来的诸多问题进行了周密的部署，眼下的汇报也算是胸有成竹，底气满满。

周恩来总理冲屠守锷点了点头表示首肯。屠守锷接着刚才的话题开始了他详细的汇报。王永志起身，拿出一幅地图在桌上铺开。屠守锷边汇报，王永志就对照着地图边给周总理演示说明。待屠守锷汇报完毕，一个完整的方案已经清晰地呈现在了周总理面前。

谈到洲际导弹,几位中坚人物都各有各的担忧,会议现场的气氛不免凝重。

看大伙儿表情凝重,周总理笑了,说道:"为了防止导弹飞出国界,采取多种措施是必要的,但是大家也别太紧张,我们还有外交部呢!"

周总理的话缓解了紧张氛围,接下来,周总理又与大家一起分析了导弹的情况。最后,总理拍板决定:同意发射!

屠守锷一颗悬着的心终于落到了肚子里。

会后,周总理请参会人员留下来吃饭。与前两次汇报之后吃饭的情况不一样的是,这次吃的是"大餐"——一盘包子,四菜一汤,外加四碟小菜。屠守锷清楚地记得,之前也来跟周总理做过两次汇报,都是在人民大会堂吃的便餐,一盘包子一碗汤就是一顿饭了。屠守锷又仔细看了看菜品,分别是酸甜苦辣四种味道,这分明是总理的良苦用心。

临近发射,大家的情绪都比较沉重拘谨,总理看在眼里。为了缓解紧张气氛,周总理与大家唠起了家常。他问了屠守锷的籍贯、年龄,这样的问题他依次询问了汇报的每一个人。

"梁先生,梁思成是你什么人?"问到梁思礼时,周总理好奇地说道。

"总理,梁思成是我哥。"梁思礼答道。

"哦,这么说来你们的父亲就是梁启超先生喽?"

"是家父。"

听梁思礼说是梁启超的儿子，周总理露出了亲切的笑容，回忆道："我上学的时候还听过梁启超先生的演讲，当时还认真地做了笔记呢！"

周总理的平易近人使饭桌上的气氛活跃了许多。在一个相对轻松的氛围中，屠守锷他们开始吃饭了。

"你们在戈壁滩辛苦了，今天特意多加了几个菜，算是慰劳一下大家。都放开了吃吧，多吃菜。"周总理亲切地劝大家吃菜。席间，他还时不时地与大家拉家常，谈生活。

回试验基地的路上，屠守锷心里五味杂陈。这一路走来虽然艰辛，周总理的信任却让他感动。"无论如何，一定得让洲际导弹顺利飞向蓝天，不辜负总理和人民的信任。"屠守锷暗暗下定决心。

1971年9月，秋高气爽。在西北导弹试验基地，洲际导弹迎来首次半程低弹道飞行试验。为了准备这次试飞，屠守锷在试验基地忙活了两个多月。终于要见真章了，屠守锷内心里升腾起一股紧张的情绪。

屠守锷的紧张不是没来由的。他信任自己带领的这支能吃苦、能攻坚的队伍，可他也知道，洲际导弹的研制没有完全按照正常的程序走，又采用了很多新技术、新工艺，万一哪个环节出了纰漏，也可能会导致失败，而且这种纰漏未尝是不存在的。总之，导弹没有顺利试飞之前，他是无法轻松下来的。这么想着，屠守锷的额头竟涔涔地冒起了汗珠。

钱学森来了，这历史性的时刻，他得坐镇指挥。

导弹发射真正进入倒计时。当所有人都屏气凝神等待发射时，意外情况发生了。在塔架上进行垂直测试时，导弹突然发生较大幅度的抖动，偌大的发射架也跟着晃动，这让现场工作人员们手足无措，测试被迫中止。

紧急会议迅速召开，钱学森、屠守锷、王永志等几位主要负责人参加。

"针对这次抖动的情况大家都说说自己的想法吧。"钱学森抛出了话题。

"我认为是密封发生了问题，更换密封之后应该可以继续发射。"王永志率先说出了自己的观点。

"我认为永志分析的有道理。"屠守锷接过王永志的话题说道。

"既然你们都认为是这个问题，我也同意。"钱学森信任与他并肩多年走过来的几员干将。接着，他对当下的情况作了一番详细的分析，"第一，根据我多年的经验，我认为抖动问题很复杂，不是眼前一点点时间能够找出原因的。第二，这种抖动并不会影响发射，我相信导弹点火升空之后不会出现抖动问题。所以，我认为发射可以继续进行，大家觉得呢？"

屠守锷狠狠地点了点头。在场的其他人员也认可钱学森的决定。这给参试人员带来了很大的鼓舞，他们再次聚精会神投入发射准备工作中。

一波未平一波又起。在推进剂加注到一半的时候，气象部门传来消息，说是在预定发射窗口，一片浓密的云层将覆盖基地上空。在这关键阶段，浓云毫无疑问又给屠守锷他们带来了一个难题。是否按时发射？紧急会议又一次在核心层中召开。

"守锷，你是总设计师，先说说你的意见。"钱学森先是把目光投向了屠守锷。

"导弹是大家千辛万苦研制出来的，试飞才能让导弹得到真正的检验。即便是失败了，我也愿意承担责任。但不能半途而废。"屠守锷义无反顾。

"你认为呢？"钱学森又将目光转移到一旁的王永志身上。

"我同意屠老总的意见。推进剂已经加注，如果不发射，导弹就很有可能要报废。"王永志接着说，"云层影响了光测，我们可以用雷达测量和无线电遥测，都能解决这个问题。现在关键是要加快速度，赶在云层到来之前完成发射。"

钱学森点点头。作为导弹事业领军人物，他何尝不知道研制团队付出了多少艰辛努力，何尝不知道一枚导弹的制成要耗费国家多少人力物力财力。他断然也是不想看到导弹报废的，大家的坚定态度让他确信导弹可以发射。

"继续加注，准备发射！"钱学森果断地下达了命令。

一波三折之后，导弹顺利发射。历史记住了这个里程碑意义的时刻：1971年9月10日上午11时。点火后，导弹徐徐升空，沿着预定的轨道，导弹往西边飞去。

随着导弹远去，屠守锷的心紧张得怦怦直跳。直到"二级发动机关"的信号传来，他才长舒了一口气。这意味着试飞基本成功。

这对当时的中国而言，已经是莫大的成功了。但问题也是存在的，比如导弹飞行状况没有令人十分满意，弹头未落到预定地点，偏离了几百公里……

总之，导弹发射出去了，没有出国界，也没有出现重大问题，屠守锷感到轻松了许多。只是导弹没有如预想的那般理想，这让屠守锷难免有些失落。弹头没有落到预定区域也给工作人员的搜寻增加了难度和负担。回到北京，屠守锷迅速组织研制人员对这次试飞进行分析和总结。如他前面所说的，发射之后，不管结果如何，总结经验、查找问题、积极改进显然是更重要的事情。

在王永志的主持下，总设计部对原设计方案提出了 10 项改进项目。如控制系统地面测试原来用的是程控自动化测试，被改为了弹测方案，就是利用弹载计算机加若干地面设备进行测试。这样的改进方案要实现也不是件简单的事情，微电子研究所做了很多艰苦的工作。改进之后，火箭测量技术能取得跨越式进步。

弹载计算机，20 世纪 60 年代后期微电子技术与数字技术迅速发展的产物，特别是 70 年代初微处理器问世后，数字计算机开始广泛应用于导弹上。弹载计算机体积小、重量轻，可在振动、冲击、高温、低温、潮湿、真空等恶劣环境条件下稳定工作。在导弹研制过程中，弹载计算机可用于导弹的制导和控制。例如用于惯性制导时，弹载计算机接收来自惯性器件的参数值，按惯性制导功能的要求计算出相应的控制指令，通过执行部件控制导弹的姿态，改变导弹的飞行弹道，使其命中目标。弹载计算机的应用可以说是导弹研制的福音。洲际导弹所应用的正是我国第一台弹载计算机，作为第一个"吃螃蟹"的导弹，洲际导弹成为电子技术的获益者。

在之后的1972年和1973年，洲际导弹又进行了两次飞行试验，由于线路故障、控制系统中断等原因，都宣告失败。残酷的结果让人沮丧的同时，也是经验与教训的积累。但屠守锷没有气馁，每次试飞失败后，他都主持设计人员分析试飞故障，进行地面试验。屠守锷非常重视地面试验，在《对开展地面试验的点滴体会》一文中，屠守锷如此写道：

> 充分地做必要的地面试验，是保证飞行试验顺利进行的前提。在地面做试验，可以详细观察试验过程中出现的现象，发现设计方案中的薄弱环节，必要时还可以重复进行试验，积累数据。

只是在洲际导弹研制之初，受当时客观政治环境影响，不得不为了加快速度省略很多应该做的地面试验，这也给导弹顺利试飞带来了几乎是灾难性的影响，充分印证"欲速则不达"的道理。"大赶工"造成的后遗症几乎是毁灭性的，屠守锷只能带领团队通过更多的地面试验来分析故障，找出问题，弥补不足。

洲际导弹的三次飞行试验，取得了部分成功，也暴露了很多问题。周恩来总理十分重视，他强调：研制国防尖端产品不能只追求进度，必须讲究质量。

在这以后，中央调整了洲际导弹的研究计划。一方面将研制、试验计划推迟，要求一定要达到射程和发射条件才试飞；一方面，从外地抽调人力到北京，支援洲际导弹的研制工作。为了验证修改后的设计方案的正确性，在1972年至1976年间，运载火箭技术研究院协同相关单位，对洲际导弹各个系统展开了大量的试验和研究，这些试验是非常有必要的，全面地梳理了导弹系统存在的问题，弄明白了原因，也有针对性地找到了解决方案。一番扎实的梳理分析之后，屠守锷才长长舒了一口气，这一次，他对洲际导弹的总体方案和各分系统技术状态总算有了十足的掌握。相对于第一次飞行试验之前七上八下的紧张状态，他这次心里可踏实多了。"要是这些工作能够在第一次飞行试验之前就按步骤进行多好呀，那样也不至于拉长研制周期，浪费研制费用。"屠守锷在心里嘀咕。但万事只能往前看，不能回首。

事实上，在洲际导弹研制工作放慢脚步的这几年，屠守锷的工作反而更忙了，心中承受了更大的压力。他一度被别人戏称为"常败将军"。这是怎么回事呢？我们得翻开运载火箭的篇章。

159

"常败将军"的烦恼

长征二号运载火箭的第一次发射出现了重大问题,这是屠守锷始料未及的事。更令他没想到的是,有人竟然嘲讽他是"常败将军"。

事情还得从洲际导弹说起。

长征二号运载火箭是用于发射试验型返回式遥感卫星的,对这个火箭的研制始于1966年,由七机部负责。后来,卫星总体研制任务转移到了空间技术研究院。早在1967年试验型卫星总体方案论证会上,七机部就确定了要以洲际导弹为基础研制运载火箭。所以,到了1970年6月5日的中央专委会议上,确立了返回式遥感卫星工程项目。依照安排,运载火箭技术研究院在洲际导弹的基础上开展长征二号运载火箭的研制。

屠守锷,洲际导弹总设计师,在洲际导弹研制计划推迟期间,自然而然肩负起了主持研制长征二号运载火箭的重任。那段时间,屠守锷非常忙碌,既要主持运载火箭的研制,又要主持洲际导弹各项技术攻关。虽然洲际导弹与运载火箭有着紧密联系,但运载火箭也不是简单地把洲际导弹弹头拆下来装上卫星那么简单。运载对象不同,设计要求也不同。由此,有许多具体而复杂的技术难题需要攻克。

对建立在洲际导弹技术基础之上的长征二号运载火箭而言，它所遇到的最大问题之一，便是如何将卫星顺利送入预定轨道。

"屠老总，我们通过对火箭最优推力程序的探讨和大量计算分析，觉得可以采用小推力入轨方案。"不久之后，总体设计部的余梦伦跟屠守锷汇报了他们最新的工作进展。

小推力入轨方案相对于最初计划采用的级间滑行方案有很大区别。余梦伦接着解释：级间滑行虽然能使火箭运载能力提高100公斤，却会使系统变得复杂。相对而言，小推力入轨比较容易实现，且能使火箭运载能力提高500公斤左右，优势明显。

听了余梦伦的解释，屠守锷满意地点点头。当方案拿到会上讨论之后，小推力入轨方案得到了大部分专家的认同。诸如此类的调整，在长征二号运载火箭的研制过程中还有不少。

值得一提的是，在当时特殊的环境下，随着七机部的科研生产形势陷入乱象，长征二号运载火箭的研制也受到了许多影响，总设计师屠守锷被推到风口浪尖，压力如滚滚巨浪袭来。

好在虽然环境艰苦，却也有如春日暖阳般的温暖。周恩来总理对科研工作的重视和支持就是凛冽寒风中那一轮暖阳，令所有科研工作者倍受感动，屠守锷也不例外。1972年9月12至13日，周恩来、朱德、董必武、叶剑英等中央领导人先后到了火箭总装厂，视察长征二号运载火箭和洲际导弹的研制工作，屠守锷作为陪同人员参加。

屠守锷清楚地记得，周恩来总理当时走到长征二号运载火箭前，饱含深情地对大家说："同志们，我们的导弹研制已经16年了，还处在试验阶段。要想办法尽快结束这个试验阶段，不能自满。"在视察中，周恩来总理强调了"严肃认真、周到细致、稳妥可靠、万无一失"的要求。这"十六字方针"后来成为历次大型火箭地面试验和航天发射试验的座右铭，时刻提醒着每一位航天工作者。

"十六字方针"的首次提出是在1964年4月，当时正是我国第一颗原子弹研制工作的最后阶段，周总理在主持中央专委第八次会议上要求试爆要"保响、保测、保安全、一次成功"，同时，他说要以"严肃认真、周到细致、稳妥可靠、万无一失"为主旨。

"十六字方针"怎么理解？这里有一个小故事。说是1966年10月19日晚，周总理在听取"两弹"结合情况汇报时再次提出了"十六字方针"。时任协调组长的谢光选举手提问："总理，我做不到万无一失怎么办？"

总理呵呵一笑，答道："万无一失？只要你们把能想到的问题都想到了，能做到的都做到了，能发现的问题都找到了，就是做到了万无一失。如果客观条件不具备，我们还有没认识到的问题，就属于吃一堑长一智的问题。"

谢光选这才知道了周总理所说"十六字方针"的真正含义，无非是要求航天人充分发挥主观能动性，尽一切可能暴露问题，千方百计地发现问题，想尽办法解决问题，以此力求万无一失。

现在，在中国运载火箭技术研究院，员工只要在院办大楼附近，就能见到大楼门口上方红底白字醒目地写着"严肃认真、周到细致、稳妥可靠、万无一失"16个大字。时至今日，这"十六字方针"在航天系统乃至整个国防科技系统仍有着深刻影响，激励并警醒着一批又一批航天人。

时间来到1974年11月5日，这一天，长征二号运载火箭在酒泉发射基地实施首发。

和往常一样，火箭点火发射的整个前奏，屠守锷都屏气凝神地盯着，心也随着悬在嗓子眼。当火箭真的从基地飞出时，他的心也随之更紧张了。

"不好，火箭飞行不稳，在摇摆。"不知道哪个监测人员大声喊了一句。屠守锷"腾"地站了起来，昂着脑袋往火箭发射的方向望去。

没错，火箭出问题了，而且是重大问题。从基地飞出后不久，火箭就出现了摇摆，且幅度越来越大。大约飞行20秒后，火箭由于俯仰角偏差太大，自毁系统自动引爆，"轰隆"一声，这个巨大的家伙变成了无数碎片，偌大的机体与无数的残骸从高空箭一般地掉落，在发射场附近砸出了一个直径约莫50米的大圆坑。

看到此情此景，在场的技术人员们先是惊讶不已，继而迅速地往火箭坠落方向奔去。当他们看到好好的火箭变成了大大小小的碎块横七竖八地躺在大圆坑的里里外外时，一个个沮丧得捶胸顿足起来。

火箭爆炸留下的后续问题数不胜数，屠守锷没有时间悲伤。

"小陈，你去查看一下现场。"

"小王，你去安排一下，马上开会。"

……

站在发射现场，屠守锷果断地安排起了接下来的工作。消息很快传到了中央军委，中央军委副主席叶剑英听到这个消息之后，并没有责备与批评。

"失败是成功之母，不要颓丧，要继续奋斗，再接再厉，一定要达到目的为止。"这是叶剑英的指示，与其说是指示，不如说是安慰和鼓励。收到指示的屠守锷得到了莫大的安慰，他发自内心感激领导对自己和团队的理解和信任。

一天下来，时间被各种各样的事情占据了。等所有事情都处理完已经是夜深人静，屠守锷这才拖着疲惫的身体回到房间。大西北的风很猖狂，像狼一样在窗外怒吼，沙尘被风卷起来扑打在房子上，屠守锷闻到了一股浓浓的沙尘味。

白天太忙，他的大脑无死角运转，这会儿安静下来，他疲惫得很，却怎么也睡不着。他的心仿佛被火箭自毁的火苗狠狠灼烧着，火辣辣的。此刻，屠守锷陷入了深深的自责。多少个日日夜夜，多少人全力奋斗才有了长征二号运载火箭。那些全体人员通宵达旦为火箭而奋斗的情形像放电影一样在屠守锷的眼前浮现。一会儿的工夫火箭就毁掉了，这多么让人难以接受。屠守锷把责任归到了自己身上,他觉得是他这个技术总负责人没有把工作做好。

无论怎样,失败已经是既成的事实。屠守锷知道,他一定不能消沉下去,他确信,失败的原因一定在可控范围之内。从失败中吸取教训,这是当下最需要做的事情。从自责情绪中回过神来的屠守锷很快振作起来了。

第二日,太阳初升,大西北的荒漠一片辽阔,一片肃然,像是什么都没发生过。屠守锷继续组织技术人员开展故障分析,通过对遥测数据和火箭残骸的分析,他们将问题锁定在了控制系统。再进一步精确追踪之后,他们查出了原因,原来是速率陀螺与放大器之间的连接导线有一处暗伤,正是这个暗伤,使得火箭在飞行的时候导线发生短路,导致系统俯仰通道失去平衡。这再一次证明了,在科学的世界里,牵一发而动全身,容不得半点疏漏,往往一个小螺丝钉的失误都可能造成巨大的损失。当然,屠守锷也深知,这不仅仅只是一个质量事故。事故所折射出的还有科研生产秩序的混乱和松懈,而这比质量问题更让人忧心。

"各研究单位都要动起来,举一反三,全面检查自身暴露的问题以及产品设计上存在的薄弱环节,杜绝在下次试验中重蹈覆辙。"屠守锷严肃地将任务布置了下去。

会同有关单位设计人员分析研究之后,屠守锷他们发现了不少问题并作出了优化。如:在重要电路的连接导线处采用双点双线(或单根粗线),调整控制系统的测试项目,加强生产过程中的质量控制……

此时的屠守锷，工作日程表里排满了各种大大小小的研究任务，而他，总是有条不紊，争分夺秒地做着每一件事情，就连开会的时间也会充分利用。在一些无关紧要的会上，人们总能看到屠守锷低着头拿着笔在膝盖上忙碌地演算，在他的笔下，各种数据活起来了。至于演算的纸张，他很会"就地取材"，开会发的资料上闲置的"空地"，别人不要了的烟盒，等等，都能为他所用。这样的屠守锷练就了一项绝活，就是可以在膝盖上连续演算几个小时。繁忙的时候难免会忘事，对此，屠守锷也自有章法。他喜欢将事情罗列在纸上，想明白做明白的事情，他会第一时间做小结；没弄明白的事情，他会在旁边做上记号。如此一来，屠守锷总能严谨地处理好每一件事。

1974—1975年，在屠守锷的主持下，重新对长征二号运载火箭做了控制系统综合试验、稳定系统模拟试验、箭体弹性振型试验等多项试验。两年里，屠守锷几乎是在试验基地度过的。在大漠戈壁，时常有狂风卷着沙石来袭，这时候，人显得那么地渺小。不少时候，当屠守锷刚刚从试验基地出来，走在回驻地的路上，正巧遇上沙暴，顷刻间，他只觉睁不开眼，走不动路，他总是条件反射般地扬起双臂交叉地挡在脸前，即便如此，沙石还是能从缝隙中钻进来打在脸上。当他好不容易冒着沙暴回到驻地，浑身上下，包括耳朵和鼻孔，都灌满了沙子。当然，沙漠的极端气候还远不止于此，烈日炙烤是免不了的。还有缺水,缺生活物资,等等,都是难处。但为了国家事业,屠守锷和他的团队已然忽略了这些问题,他们忘我地盯着既定目标,成功将火箭推向浩宇。

终于,1975年3月,时任国防科委主任张爱萍到七机部开展整顿工作,笼罩科学界许久的阴霾才渐渐散去,科学的曙光乍现。这年7月,经过改进后的第二枚运载火箭开始总装。

"要把工作做细,不要急于求成。凡是能在地面上发现的问题,一定要在地面发现。一切能解决的问题一定要解决,不带问题上天,做到一次成功。"张爱萍亲自来总装车间视察,并提出了严格的要求。

1975年11月26日,对于经历过长征二号运载火箭第一次试飞失败的屠守锷而言,是一个值得永远铭记的日子。这一天,火箭将执行第二次试飞任务。

同上次一样,火箭在发射台高高耸立。"点火!"随着发射指挥员的一声口令,火箭拖着长长的"红尾巴"拔地而起,很快,它便远到只能看到一个红点,再之后,完全消失在了天际。

这个过程,屠守锷的心一直悬在嗓子眼。直到火箭顺利消失在了天空中,他才长长地舒了一口气。

长征二号运载火箭发射成功的同时,也将我国第一颗返回式遥感卫星"尖兵一号"送入太空,准确进入预定轨道。所谓返回式卫星,顾名思义,就是在轨道上完成任务后,将信息存储到胶片、磁带等载体上,跟随部分结构返回地面的人造卫星。归根结底，返回技术和返回式卫星是为了适应航天活动的需要而发展起来的。在航天活动早期，由于无线电传输技术受时代所限，人类需要获得尽量多的太空信息，返回式卫星便应运而生。

11月29日，卫星回收舱安全降落并回收成功，这就意味着我国成为世界上第三个掌握卫星回收技术的国家。当这振奋人心的消息传到基地时，所有人都欢呼雀跃起来。多少个春秋，屠守锷带领着他的团队行走在这条充满曲折、布满挑战的路上。在特殊的时代背景下，因多次经历失败，屠守锷还一度被别有用心的人嘲讽，"常败将军"的身份一度压得他喘不过气来。这会儿终于摘得成功的果子，味道自然是甜美无比的。

这是个好的开端。自那以后，屠守锷主持研制的洲际导弹和运载火箭又经历了几次试飞，再也没有失败过。

国与家

长征二号运载火箭成功了，洲际导弹却还前途迷茫，全程飞行试验尚未进行。

站在夜色里，屠守锷百感交集。洲际导弹从图纸绘制开始就充满了坎坷，后来的几次试飞失败就像重重的石头，压在屠守锷的心头。他怕耽误日日夜夜伏案辛劳的同事们，让他们的努力一场空。他更知道，在当时经济环境艰难的情况下，研制导弹的经费是国家一点一滴聚沙成塔地攒起来的，每一分每一毫都来之不易，经不起浪费和失败。多少次，他内心挣扎，夜不能寐。

"屠老总……哈哈哈……老屠……"几声爽朗的笑声打破了屠守锷的沉思，"好消息，好消息啊。"

原来是国防部五院副院长刚刚开完会回来，他好久没有这么开心了，这会儿，他难掩内心的激动，说道："屠老总，我们中途搁置的洲际导弹项目，经党中央批准，终于要重新上马了。"

"真的？"屠守锷简直难以相信他所听到的。

副院长拿出一封任命书交给他，说道："中央决定，还是由你担任总设计师。"

接过任命书，屠守锷看了又看，一种久违的感动冲击着他的心绪，转念间，他又想起了自己近些年经历的失败，不免有些担忧。

"老屠，你就不要推脱了，国家信任你，你一定会成功。"

副院长的话让屠守锷备受鼓舞。屠守锷想起了1948年加入中国共产党时，站在党旗下的庄严宣誓。他还想起了自己求学时遭受日军轰炸，那时，他想造飞机的信念是那么强烈。后来，他受国家调派，转行制造导弹。这一切的一切，都是为了使我们的国家更加强盛。如今，洲际导弹的研制正是国家国防的需要，虽然要历经千辛万苦，可一旦全面成功，我们的国家将能更加强大地屹立于世界民族之林。想到这些，屠守锷心潮澎湃起来。

"我们什么时候开始？"他接过领导的话，问道。

"现在！"

"好，现在开始！"

1978年1月31日，七机部决定恢复型号总设计师制度，屠守锷被正式任命为洲际导弹和长征二号运载火箭总设计师。面对这个迟来的任命，屠守锷和他的战友们百感交集。事实上，他已经主持洲际导弹研制工作十多个年头了。

随着国家政治生活的稳定，科学的春天已然到来。虽然每天还是非常繁忙，但屠守锷心情舒畅，因为此时他已经可以心无旁骛地去抓导弹研制工作了。国家的高度重视为洲际导弹研究扫清了障碍，相关单位和部门全力配合，洲际导弹的研制工作恰如一辆性能稳健的汽车疾驰在宽敞的柏油公路上，驾驶员只管开足马力向前奔驰。

在国家强力支持下，一条条"绿色通道"向洲际导弹敞开。比如，导弹控制系统用的一种磁环质量不稳定，合格率低，上级机关得知情况后，决定在北京冶金研究所投资建设一条磁环生产线。又比如，导弹电子元器件质量问题多，国家就制定了"七专"质量控制办法，即专用批量、专人操作、专选材料、专机加工、专职检验、专门筛选、专立卡片。

随着国家对科研的重视，重点难点像气球一样，逐一得以击破。比如，发动机研制中的难题之一——涡轮转子材料性能不佳，随着高温合金新材料的研制成功并应用于涡轮转子，使得发动机的水平得到大大提高，应对了数十次的地面试验。又比如，通过对一些电子设备整机和整个控制系统增加若干例行试验项目，使得导弹控制系统电子仪器设备的工作稳定性得到提升……

而此时，妻子秋粟的身体健康状况急转直下，组织上"押"着屠守锷回家照顾生病的妻子。

作为老党员的秋粟有着正直率真的个性，在动荡的年代里饱受打击，以至于到了20世纪70年代，昔日的女强人频频遭受病痛的折磨，身体每况愈下。

在工作中，屠老总是个严肃严谨的总师，回到家，他却是另一番模样。

"秋粟，来来来，吃药了。"这一日，他端来汤药，要病重的妻子服下。医生交代的服药时间他都记得清清楚楚，大约是严谨惯了的屠守锷对待任何事情都像对待他的科学事业一样，总是一丝不苟。

秋粟接过药，正准备服下。此时，广播里传来清晰的播报声。播报的内容来自全国科学大会，在大会上，邓小平指出"现代化的关键是科学技术现代化""知识分子是工人阶级的一部分"，重申了"科学技术就是生产力"。

屠守锷听得入了神，妻子喝完了汤药他都全然不知。

"守锷,守锷……"秋粟叫了起来。屠守锷这才回过神,怪不好意思地笑着接过妻子手中的碗。

"瞧你这身在曹营心在汉的样子。"秋粟嗔怪地笑道,边说,边慢慢站起身,朝房间走去。

"嘿嘿,秋粟,这一天终于到来了。"屠守锷兴奋地朝收音机走去,又将声音调大了一点,"你知道的,我一直在等这一天的到来。"

"我当然知道。"从房间走出来,秋粟手上已经提着一个陈旧却整洁干净的行李袋子,"喏,行李已经给你准备好了,你去吧。"

在行李袋子上还有一件崭新的、棕黄色的毛线背心。秋粟将行李袋搁在桌子上,随手拿着毛线背心给屠守锷穿上,说道:"大西北风沙大,你要仔细点,保重身体。"

"秋粟,辛苦你了,这些年我都是穿你给我织的毛衣,暖和着呢。只是,你的病……"屠守锷面有难色,很显然是有些左右为难了。

"没事的,你去吧,又不是头一次,我都习惯了。"秋粟说。

"我这一次会去很长时间,少则一年半载……"屠守锷不忍心再往下说。

秋粟倒是爽朗地笑了起来:"老屠啊,你我都是为国效力的,自古有国才有家,我永远支持你。我和孩子们都等你的好消息,你就放心地去吧。"

就这样,屠守锷在秋粟依依不舍的目送中走出了家门,走向了西北那片漫漫黄沙……

洲际导弹，这个在屠守锷生命中至关重要的项目正等着他去战斗，去实现。

1979 年，洲际导弹全程试验进入冲刺倒计时阶段。

有了前几次半程飞行试验的成功经验，对于全程飞行试验，屠守锷是有底气的。洲际导弹全程飞行试验是检验我国洲际导弹的关键，其试验条件也是相当苛刻的。首先，需要准备若干枚技术状态达到要求，且工艺稳定，可靠性高的试验导弹产品；其次，要选择一个适合做试验的导弹落区海域；其三，要有一个从发射区、航区到落区的全程测控系统。只有达到这些要求，才能最大程度保证试验的顺利进行。

早在 1967 年，中央军委就已经决定为洲际导弹试验建造两艘两万吨级的远洋测量船，以获取发射数据。当时，我们国家正处于被封锁的国际大背景下，建造这种机动性强、测量跟踪和控制功能齐全、设备精良的海上测量船的难度可想而知。但是，我们国家建成了。1978 年 8 月和 10 月，两艘测量船在江南造船厂相继下水，分别命名为远望一号和远望二号。"远望"两字摘自毛泽东亲笔书写的叶剑英的诗句。1965年，叶剑英写了一首七律《望远》，请毛泽东主席指正。《望远》首联写道："忧患元元忆逝翁，红旗缥缈没遥空。"意思是马恩列斯离世之后，共产主义的希望寄托在中国人民和世界革命人民身上。毛泽东看后很喜欢，除了将题目改为《远望》外，其他一字未动推荐到《光明日报》副刊发表。1977 年 4 月 6 日，

《人民日报》在头版以《毛主席手书叶剑英同志〈远望〉诗》为标题，发表了毛泽东的手迹和叶剑英的诗。"远望"意义之深远不言自明。

1979年1月，中央专委决定，在1980年适当时候进行洲际导弹全程飞行试验，争取一次成功。

紧随中央专委决定之后，张爱萍发布命令：1979年12月31日24时之前，各单位必须完成发射洲际导弹的准备工作。

一年时间做好一切准备，任务是艰巨的。在这之后的日子里，运载火箭研究院几乎是进入了一种临战状态。全程试验遥测弹总装和测试工作在运载火箭研究院导弹总装厂和三线工厂同时进行；落海区域勘察选点也在紧张地开展，中国测量船编队在海军护航下驶出领海线，驶向南太平洋，这是自郑和下西洋后中国舰队最大规模的一次远航。

……

一年紧锣密鼓的部署之后，从1979年12月18日开始，遥测弹陆续从北京运往西北导弹试验基地。

1980年1月，中共中央批准了国防科委关于上半年进行洲际导弹全程飞行试验的请示。3月，国防科委主任张爱萍和政委李耀文发布了洲际导弹全程飞行试验动员令。至此，洲际导弹即将迎来它最终的飞行试验。

西北大漠，导弹试验基地热火朝天。为了万无一失，试验基地加强了领导力量，专门成立了临时党委。这个总计11人的临时党委组成人员包括了基地和导弹研究方面的中坚力量，有基地司令员徐明、政委刘绍先、副司令员石荣屺，也有七机部副部长张镰斧等，洲际导弹直接负责人、总设计师屠守锷自然名列其中。

运载火箭研究院 500 多人严阵以待。对于这项复杂、大型的综合性系统工程，国家高度重视，运载火箭研究院倾力加持。不论是从规模、范围，还是从技术，或是组织，这次试验都是空前的。

洲际导弹，迎来发射倒计时。

洲际导弹，成功了！

1980 年 3 月 30 日，冬寒还未褪去，春日的气息却已悄然来到。

屠守锷和张镰斧率领着首区试验工作队，在北京搭上了去往西北导弹试验基地的专列。此刻，冬寒中夹杂着春意裹挟着清风瞬间扑向屠守锷，这缕像极了风霜的气息勾起了他的万千感慨。此时的洲际导弹与这气候何其相似，几十年了，它历经波折和风霜，所有人都坚信，春天马上要来了。

列车缓缓启动，欢送的人群渐渐被抛在了车后。屠守锷从窗口往外望去，望着远去的人群，屠守锷的眉头又紧锁了起来，一股凝重的情绪占据了他的内心。他深知自己的责任之重大，可是如此庞大的系统，是否还有问题没有彻底解决？他心中仍有点忐忑不安。从 1965 年开始负责研制洲际导弹，他无数次像今天这样出发奔赴西北大漠，却总是步履匆匆，来不及细细打量车站的景致。他重又细细望了一遍车站的角角落落，他猛然发现，今天的车站似是一位相交多年的老朋友，它的面貌与十几年前虽有了不少改变，但亲切感却丝毫不减少，反而愈加浓烈了。恰似他那份为国家国防建设出力的初心，虽历尽沧桑，却历久弥坚。在这最后的"考核"来临之际，屠守锷竟清晰地从这片熟悉的环境中读到了希望，好像一位老朋友正鼓励他：放心去吧，一定会成功的。"无论如何，这次是断然不能再出现任何意外了。"屠守锷冲着远去的站台点了点头，喃喃自语。

几经辗转，屠守锷他们终于到达酒泉卫星发射中心。

"镰斧部长，我觉得还要全面检测，确保万无一失。"到达基地安顿下来后，屠守锷顾不得休息片刻，便步履匆匆来到张镰斧办公室。

"屠老总，我认为可行。时间紧张，今天就开始检测吧。"张镰斧说。

从张镰斧处出来，屠守锷径直来到了基地，召集各系统负责人开会。

"这次的发射，我不说大家也知道它的重要性。只准成功，不许失败。请大家务必安排专人对各自负责的部分再做一次全面检测,确保万无一失。"在大会上,屠守锷义正词严地说道。

各负责人纷纷点头,并承诺不辜负屠老总的嘱托。

这次发射试验采取的是连续作战模式,也就是说第一枚导弹进入总检查之后,第二枚导弹就接着开始测试……所有工作几乎是马不停蹄。

随着4月5日,第一枚洲际导弹开始进行单元测试,屠守锷的工作更忙了。他白天到厂房查看,晚上与张镰斧一起组织相关负责人开会讨论当天发现的问题,商讨解决方案。

对导弹再一次进行细致入微的"大体检"是卓有成效的,在检测中还真发现了问题。比如,检测人员怀疑有一枚导弹的发动机有问题,在不敢确定的情况下,将它运回北京导弹总装厂分解检查,结果在导弹里发现了一根白鞋带。

收到消息的屠守锷被惊出了一身冷汗,这得亏是在测试之前发现了问题,要是上了天,岂不是又要报废一枚导弹?对导弹而言,别说是一根鞋带,就算是一根头发丝都可能有影响。所谓"千里之堤,溃于蚁穴"就是这个道理。科学,容不得半点马虎。可见对导弹分解检查,查漏补缺,是多么重要的事情。他在心底里为科技人员们的细致认真竖起了大拇指。

"对准备进行全程试验的导弹再进行一次质量复查,重点检查有没有多余物。"收到消息后,屠守锷与张镰斧又一次深入讨论,达成共识之后,立刻召集各个部分的负责人召开了专门会议,在会上,屠守锷严肃地强调道。

"燃料箱恐怕不方便检查。"有人说道。

"为什么？"

"燃料箱已经焊接装配密封，它的体积虽然大，却只有一个细小狭长的口子，从外部是很难查清里面有没有多余物的。"相关技术人员进一步解释道。

"还有发动机输送推进剂的喉管，也不方便检查。这地方又细又深，别说人进不去了，就连手都不可能伸进去。"有技术人员接着补充。

大伙儿你看看我，我看看你，都表示认同，却又都毫无办法。

"我们去现场看看！"张镰斧说话了。之后，他起身往厂房走去，会议也就被"搬"到了厂房内部。

大家先是来到了燃料箱处。将燃料箱扫视了一遍之后，张镰斧迅速地换上了工作服，顺着梯子爬到燃料箱的入口。他娴熟地侧身要从那个狭窄的小口子钻进去，却有些费力，口子实在太小。技术人员们见状，都来到跟前，在大伙的帮助下，张镰斧和一位老工人，费了九牛二虎之力爬进了燃料箱。前前后后检查了一个半小时之后才出来。

"没问题，大家放心吧！"站在燃料箱的出口处，张镰斧舒了一口气，自信地跟大家说。

推进剂的喉管可没有燃料箱的入口那么大，人是断然进不去的，怎么办呢？屠守锷和张镰斧他们这下可真的被难住了。

"有办法了！"站在一旁的任新民突然大声说道。作为我国航天技术与液体火箭发动机技术专家，任新民同样是中国导弹与航天技术的重要开拓者之一，此刻，他与屠守锷一样，一心扑在洲际导弹的研制上。

"老任，你有什么好办法？"屠守锷急忙追问。

"我之前在医院做过胃部检查，人家医生就是用胃镜深入体内检查，清清楚楚地看到内部的情况，我们也可以采用这种办法。"胃镜是一种医学检查方法，它借助一条纤细、柔软的管子伸入胃中，医生可以直接观察食道、胃和十二指肠的病变情况。

"老任，这是个好办法。"张镰斧惊喜地笑了，"这件事情就请你全权负责了。"

接到任务后，任新民火速从北京调来了一位主任医生，医生携带全套胃镜设备赶到试验基地，像检查病人一样，仔仔细细检查导弹的喉管。

"各位放心，这里面清洁度良好，没有问题。"医生检查完后，慢条斯理地说道。这句"没有问题"给所有人打上了一剂强心针。

洲际导弹全程飞行试验要飞出国境到达公海，为此，国家海洋局等单位多次出海进行综合调查。最终，经国防科委组织认定，选定洲际导弹全程飞行试验的落区为：以东经177度33分、南纬7度0分为中心，半径70海里的圆形海域。

多年后，著名的火箭技术专家王德臣回忆这段时光时说道："打洲际导弹是1:1的飞行试验，你得向全世界公布，你还得划个大圈儿，如果你打在圈外头，丢不丢人啊。你做试验的时候，人家外国的测量船就贴在你划的圈边儿上，他们准备着，一旦你的东西掉在圈外，他们就可以去抢，去打捞那个弹头。"

可见，这个"圈"不能小了，小了打到圈外头不仅丢人还损失惨重；也不能大了，大了就是对自己国家洲际导弹技术的不自信。只有通过充分论证、评估之后，划一个刚刚好的圈，那才是实力的体现。

1980年5月5日，西北导弹试验基地大礼堂热闹非凡，几乎在基地的所有人员，包括国防科委和七机部领导，以及其他相关的技术人员、测试人员和工作人员都齐聚于此，试验任务动员大会款款拉开序幕。

"同志们，这次洲际导弹全程飞行试验任务，是我们科研战线80年代的第一场硬仗，成败与否，对我国尖端科学技术发展和我国声誉影响极大。全体参试人员要团结一致，同心协力，全力以赴，兢兢业业，周到细致，圆满完成洲际导弹全程飞行试验任务，争取一弹震全球。"国防科委主任张爱萍站起来，率先作了动员。威严的目光从他那双眼睛中放射出来，炯炯如炬。

紧接着，技术巨擘钱学森发言了："20年以前，我们着手试验第一枚近程导弹时，陈毅副总理曾经对我说过这样一句话，'你们的导弹上去了，为国争了气，我这个外交官出去，腰杆子就硬了。'60年代初，我们的近程导弹上去了，为祖国争了气；今天，我们的洲际导弹也要上去，为祖国再次争光。洲际导弹掌握在帝国主义手里，便会成为他们称霸的资本；掌握在中国人民手中，便会成为世界和平与安全的保障……从这个意义上讲，我们每一位参加研制、生产、试验的科学工作者、工程技术人员、工人，以及解放军指导员，都是世界和平的保护神！"

钱学森的话让在场的每一位都受到了极大鼓舞。这场动员会"动员"效果显著，几乎每一个人的激情都被调动起来了，他们铆足了劲，准备为洲际导弹的成功背水一战。

四天后，也就是5月9日，第一枚洲际导弹转运到发射阵地，工作人员对导弹做着最后的发射前检查测试。也是在这天，新华社正式发布了我国将在太平洋进行洲际导弹飞行试验的公告，引起了世界的关注，前后十几个国家的船只飞机在我国船队周围游弋、尾随。

5月14日，第二枚洲际导弹被转运到发射工位展开检查测试。在西北导弹试验基地，两个工位同时展开检查测试这还是头一次。到5月17日，第一枚洲际导弹检测测试全部通过，全程飞行试验前的一切工作准备完毕。

1980年5月18日凌晨，辉煌的灯光下，参试人员陆续到达发射场。此时已是凌晨2点，屠守锷和张镰斧，这两位洲际导弹发射工作主要负责人却毫无睡意，来回地在发射场上走动着。

5月18日，历史清晰地记住了这个日子，这天10时是导弹预定发射时间。屠守锷和他所带领的技术团队成员们都在为这历史性时刻的到来而做着最后的准备。对他们而言，发射前的哪怕一分一秒，都得精神高度集中。

导弹即将发射，屠守锷镇定地走进控制室，缜密全面的检查让他对这次发射充满信心。发射指挥长石荣屺检查了导弹脱落插头、紧急关机插头、电爆管短路插头等最后几个重要操作项目后，也迅速进入了地下发射控制室指挥岗位。导弹正式进入待发射状态。

上午 10 时整，历史记住了这个时刻。

"牵动！开拍！点火！"发射指挥员刘德普发出口令。

一声轰鸣，导弹拔地而起，一股浓烟烈焰将导弹托出，推向预定的弹道，导弹向着东南方向飞去。

不久之后，"叮铃铃……"电话铃响，电话那头传来激动人心的汇报："洲际导弹发射成功了！"

"成功了！成功了！"发射现场，设计者们都激动得大声呼喊起来。屠守锷，这个与洲际导弹前前后后打了十几年交道的总设计师，当听到导弹发射成功的消息，他这才长长舒了一口气，一屁股坐在发射架前，心中一颗硕大的石头瞬间落了地。他看了看空空如也的发射架，又看了看导弹飞出的天际，一瞬间喜极而泣、热泪横流。十几年的酸甜苦辣、风霜雪雨，都随着这热泪顺着脸颊淌了下来。

在导弹弹头溅落区域，我国的打捞船已经严阵以待，做好了回收导弹数据舱的准备。在此之前，我国导弹研制团队已经做好了充分准备，如果打捞船无法在两小时内将数据舱打捞，数据舱将实施自毁。令人欣喜的是，我国打捞船不负众望，潜水员仅用时 5 分 20 秒就将数据舱打捞起来，目标任务顺利完成。

三天后的 5 月 21 日，新华社发布了消息：我国向太平洋海域发射火箭试验获得圆满成功。发射成功的消息传遍了祖国的大江南北，全国上下普天同庆。洲际导弹的成功意味着我国导弹技术已经达到了一个新水平，意味着在世界尖端武器领域我国已经占据一席之地。

6 月 10 日，屠守锷参加了洲际导弹发射成功的庆祝大会。在庄重的北京人民大会堂，他坐在主席台上，古铜色的脸庞上露出了欣慰的笑容。他知道，我国的战略导弹系列进入了一个新阶段，中国已经强大起来了。同时他也非常清楚，在科技强国的路上，我国正以奔腾之势前进。立在前头的，是更高更远的宇宙需要探索，值得向往。

未来，任重道远。

第四章　腾飞浩宇的"神箭"

最美夕阳红，红霞映满天。时至暮年，屠守锷这位航天领域的功勋人物仍壮志不已。擎着满腔热情，他继续为中国导弹的发展倾心倾力。这一时期，他主持研制出长征二号丙运载火箭，这系列火箭因其奇迹般的成功被誉为"金牌火箭"；他倡议将航天事业与国民经济发展并重，加足马力促推中国航天腾飞浩宇；他热情地唱响了"长二捆"战歌，紧锣密鼓地研制起了捆绑式火箭。作为捆绑式火箭总顾问，屠守锷又一次带领曾经获得多次胜利的金牌团队为我国造出了成功打入国际市场，实现经济效益与社会效益双丰收的"金娃娃"。"壮心不已鸿鹄志，桑榆未晚夕阳红。"漫漫人生终要落下帷幕，我们看到晨曦中多了一位随着古典音乐练着太极的耄耋老人，那纯熟利落的一招一式，仿若在述说着他饱经风霜的人生，又仿若超脱于万事万物之外。当如梭岁月走向终点，人生旅途瓜熟蒂落，我们看到了功勋老人的传奇人生终是绽放出了永恒的光彩，与日月同辉，与山河同在。

金牌火箭

在我国火箭发展史上，有一款火箭，在1975年11月至2014年11月这段时间内，创造了发射42次，次次成功，将30颗卫星准确送入轨道的奇迹。

它，就是长征二号丙系列运载火箭，因其奇迹般的成功被誉为"金牌火箭"。

长征二号丙为何如此牛？故事还要回归到洲际导弹，回归到总设计师屠守锷。

洲际导弹的成功对屠守锷而言，是完美的收官，更是全新的开始。

1980年11月10日,经中央书记处批准,屠守锷和其他14位航天专家被任命为七机部总工程师,这个身份于屠守锷是实至名归。就像建房子一样,今天的"高楼大厦"是他一砖一石从最底层的地基开始垒建起来的,故而站在"大厦"顶端,他也能安然踏实,岿然而立。

洲际导弹的巨大成功没有让屠守锷骄傲膨胀,他还是那个谨慎淡定、踏实严谨的他。在这之后,屠守锷又仔仔细细剖析了洲际导弹,他清醒地看到洲际导弹身上还存在不少问题,比如对控制系统精度的把握。屠守锷特别关注陀螺稳定平台的精度,在他的主持下,技术人员们又对精度问题做了进一步的研究和修正。诸如此类的问题,屠守锷带领他的团队逐个找出来,又逐个去攻克。一段时间后,洲际导弹遗留的几个技术问题终于一一解决了。1981年12月,经过专家们深入研究探讨,确定洲际导弹定型具备了可靠的技术基础,于是,洲际导弹全面进入定型阶段。

洲际导弹技术的日益精湛对我国航空航天事业有着重要意义。前面已经说过,长征二号运载火箭准备在洲际导弹的基础上进行研究和突破,这下机会来了。

在屠守锷的主持下,在长征二号运载火箭和洲际导弹的基础上,科研人员们又研制出了改进型运载火箭——长征二号丙。

长征二号丙的成功与屠守锷和他所带领团队的长期积累

密不可分。这款火箭充分利用了洲际导弹的成熟技术，并且根据发射卫星型号的不同，进行了重要的技术修改，这就使得它具有更加优异的性能。入轨精度高，工作稳定性和可靠性强，为创造不败奇迹奠定了坚实基础。

经过多年历练的屠守锷，对火箭从研制到发射，早有自己的一套心得。在长征二号丙运载火箭的发射工作总结日程上总有这么一条内容：火箭薄弱环节排查。屠守锷对自己要求严格，对工作精益求精。他有一个不成文的规矩，凡是送给他签署的报告或文件，一定要内容严谨且言简意赅。最特别的一点是，他还要求内容不能有错别字，连标点符号都不允许错。一旦发现错误，屠守锷不但不会签字，还会对当事人给予严肃的批评。特别是对工程设计人员，屠守锷提出了严格的要求：出现在技术文件和图纸上的文字，必须是书写工整的楷体。他这样的要求不无道理，在航天事业起步阶段，所有的文件和图纸几乎都是手写的，因为时间紧张或是个人习惯，不免有些字迹潦草，而这样很容易造成误读。在科学领域，一字之差谬之千里，其影响往往是很严重的。

长征二号丙虽然有良好的基础，研制过程却同样艰辛曲折，争论声此起彼伏。每每此时，屠守锷这位总设计师就得果决地作出决定，而这往往会给他带来一些麻烦。比如，在长征二号丙运载火箭研制初期，在第二级发动机是否加大喷管的问题上，设计人员就激烈地争辩开了。

"大喷管可以使发动机喷射气流充分膨胀，这样能提高发动机性能，增大运载能力，这当然是运载火箭的最佳选择。"在技术讨论会上，有年轻一些的设计人员踌躇满志地提出了自己的观点。这种做法乍一听无可厚非。

"大喷管虽然好，但是我们现在财力有限，模拟高空环境的发动机试车台还没有建立，如果采用大喷管，一方面成本要增加；另一方面，也是最主要的，我们会因为缺乏试验根据而加大研制风险。"有人持反对意见。

围绕这两种观点，讨论会沉浸在了热闹的争辩中。等所有人都发表完自己的观点后，屠守锷说话了。

"大家的意见我都听到了，都很有道理，一个很有远见，一个非常实际。根据目前的条件，稳妥起见，我们暂时不采用大喷管方案，但是总体设计要留安装空间，一旦技术条件成熟，我们还是要采用大喷管。"

屠守锷果断地作出了决定，一部分人很赞同，一部分人却很不理解。会后，有些年轻科研人员没好气地抱怨，说："这是什么总设计师，明知大喷管早晚都得用上，现在却不敢用，还怎么搞运载火箭！"

这些话传到屠守锷的耳朵里，他只是轻描淡写地一笑。他理解这些年轻人，他年轻的时候何尝不是这般心急，想要一步到位。可经历了几十年的磨砺之后，遇到任何问题他都得深思熟虑，扎实推进。他知道只有这样才能给我们的国家带来真正经得起考验的尖端武器。

屠守锷决定分两步实现设计目标。首先是在不装大喷管的情况下，实现发射对地观测卫星的目标，同时为大喷管保留安装空间。第二步就是安装大喷管，使火箭运载能力达到2500公斤以上，能够满足更大重量卫星的发射需求。为什么要分两步走，屠守锷深知，高空喷管的工作环境恶劣，对设计要求高。既要求设计人员找到耐高温、耐腐蚀等多种功能的高性能结构材料，又要充分考虑它的结构重量和刚度强度等诸多要求，在当时的条件下，只能一步步走，攻克一个个难题，不能总想着一步到位。但是，屠守锷也相信，我国的科技力量在一天天强盛，总有一天能够实现大喷管发动机直接推动火箭上天，所以，必须预留发展空间。

事实证明，屠守锷的决策是正确的。这样的安排不仅保证了应用型卫星和新型卫星的及时成功发射，也为后来我国导弹和火箭的研制积累了技术基础。

对于屠守锷的坚持原则，后来接任总设计师的王德臣有这么一段发自内心的感慨，他说："屠老总是一个实事求是的人，更是一个对理想有执着追求的人。如果他确信自己的意见是正确的，特别是那些关系到航天发展或型号研制的大事，他不会迎合任何人的好恶而放弃原则，更不会拿原则做交易，他会一直坚持到底，哪怕一个人孤军奋战。"

王德臣，内蒙古海拉尔市人，1957年从北京航空学院（北京航空航天大学的前身）毕业，被分配到国防部第五研究院一分院，后转入火箭技术研究院。我国著名的火箭技术专家，绰号"王铁嘴""黑包公"。

长征二号丙是一种二级常规液体运载火箭，采用四氧化二氮/偏二甲肼作为推进剂，主要用于发射低轨和太阳同步轨道卫星。火箭全长43米，箭体与整流罩直径均为3.35米，起飞质量242.5吨，近地轨道运载能力为4.0吨。

1982年9月9日，长征二号丙火箭首发成功，将我国首颗应用型返回式卫星送入太空。这之后，中国科学家们开拓创新，搭建起新技术探索验证平台。为更好地完成高密度发射，长征二号丙火箭先后应用了弹道高空风双向修正及射前准实时二次补偿、主动减载控制、一级导引控制等技术，大大降低了飞行中的气动载荷，提高了飞行安全性。以长征二号丙为基础，火箭研究院开展新技术探索和应用，又研制了长征二号丙/SD、长征二号丙/SM、长征二号丙/SMA火箭，推动运载技术的改进升级。

几十年时间，长征二号丙运载火箭在经历了几十次成功发射后，享誉全球。作为我国近地轨道主力军之一，长征二号丙运载火箭承担着大量遥感类应用卫星、爱因斯坦探针和中法天文等科研卫星的发射，也承接了银河、时空道宇、四维等商业星座卫星的发射任务。这是后话。不得不说，在我国航天发射遭遇多次失败的情况下，长征二号丙运载火箭凭借其极其稳定的性能和质量，发挥了"定海神针"般的作用，不愧为"金牌火箭"。

屠守锷，这位"金牌火箭"的总设计师，也在沉沉浮浮的失败与挫折中，收获了属于他的卓著功勋。

1986年5月15日，对屠守锷而言，是具有特别意义的一天。这天，全国科学技术奖励大会在众人的期盼中如期举行。在1985年度国家科技进步奖项目中，东风五号洲际导弹和长征二号运载火箭两个型号被列入特等奖项。这两个型号的总设计师屠守锷作为获奖者代表，坐在了颁奖大会现场。

此时，古稀之年的屠守锷已是两鬓斑白，脸上的皱纹如同岁月刻上的印痕，像是人生的沟沟壑壑，曲曲折折。如今，历尽天华，捧着沉甸甸的奖牌，这位七旬老人仿若捧着他沉甸甸的人生，奖牌散发的熠熠光芒就像屠守锷这一生缤纷多彩的光景。蓦然回首，他才发现，自己已将这毕生光景融进了国家，融进了日益昌盛的国防和航空航天事业。

据理力争

屠守锷在办公室踱步，反复思忖着，他深知，此时的中国航天事业正面临着关键抉择。

20世纪80年代初，随着洲际导弹、长征二号丙运载火箭等的成功发射，我国航天技术已经显现出了让世界震惊的水平，呈现出一片大好的腾飞之势。可就在这时，不同的声音出现了。

有人认为，航天事业花钱太多，没有产出，对经济建设是一个拖累，不建议继续在航天事业上追加投资。

有人认为，现在是和平年代，一时半会不会打仗，不需要搞尖端的航天科技，应该把主要精力放在国家经济发展上。只要经济上去了，可以花钱到国外去买卫星。

……

总而言之，在这些经济学家看来，经济建设和航天发展是矛盾的，二者只能取其一。

在当时国民经济并不十分发达的条件下，这种声音对航天事业的发展无疑有着强大的干扰作用。在这之后，国家一度缩减了航天方面的投入，航天事业又一次陷入了举步维艰的境地。

"明明发展前景一片大好，只要一鼓作气，对长征三号运载火箭加以改进，或者采取捆绑技术，只要五年左右，我国的火箭运载能力就能翻一番，到时候，我国航天发射能力就能进入世界先进行列。为什么不继续努力呢？如果错过机会，之前所做的努力将会功亏一篑。"看到眼前的现状，屠守锷很着急，心中莫名升腾起一股担忧。不行，他，屠守锷，一个一辈子扎在航天事业里的老科学家，必须站出来。

"我们要站在国家的角度考虑问题，为中央决策当好参谋。"这是他告诫同事们的一句话，此刻，他很严肃地拿出来告诫自己。

但当下国家经济确实困难，资金得用在刀刃上，从这个角度来讲，经济学家们要求发展经济是无可厚非的。只是，屠守锷觉得，他们对航天事业的理解是狭隘的，谁说航天只花钱没回报？他非常清楚，并且坚信，航天技术可以应用于发展国民经济。反复琢磨之后，屠守锷开始大量地收集资料，没日没夜地沉浸在航天事业与国民经济发展关系的研究中。

他着急为航天技术发展寻找出路。于私，他对航天事业充满热忱，并为之奋斗终生，断然不能因为年龄大了就停止奋斗；于公，他深知，那一批经历过锤炼和风吹雨打的航天人此时还可以肩挑重担，他们是航天技术腾飞的人才基础，如果再过十年八年，这些人都老了，退休了，新生力量要实现成长何其艰难，到那时，我国再想在航天领域迅猛发展就难了，眼下是最佳腾飞时机，必须一鼓作气。

这么想着，屠守锷加快了研究的步伐，他的牛劲又上来了，大有不到黄河心不死的决心。功夫不负有心人，当屠守锷扎进这片全新的领域认真研究的时候，他发现，航天技术与国民经济建设有着千丝万缕的联系，航天技术在国民经济领域可以施展的空间非常辽阔，就像广阔无垠的宇宙，蕴藏着太多的资源和可能性。有了新发现的屠守锷很惊喜，也很兴奋。随后，他迫不及待地找到了主管航天事业的领导，当起了发展航天与促进经济建设关系的宣传员。他说："我国是一个幅员辽阔的国家，应当大力推广卫星技术的应用。现在长征三号运载火箭已经研制成功，为我国发射同步定点通信卫星、电视广播卫星、气象卫星等创造了条件。"屠守锷拿出了这些天的研究，非常自信地说道，"它们，将对我国的通信、宣传、文教等方面提供现代化的技术支持，并且发挥巨大作用。"

除了这些，屠守锷还将目光转向了未来的航天事业，他发现，航天经济的潜力非常大。航天所通往的是拥有高真空、微重力、无菌等环境的宇宙空间，自然可以开展一些地面无法进行的科学实验，如此也能衍生出不少独特的产品，为航天经济赋能。航天事业到底该如何发展，怎么实现经济价值的转换？这些问题都需要开动脑子去琢磨、研究、思考。很显然，缩减航天经费的做法不仅会抑制航天事业的发展，也将不利于航天经济潜力的开发。

1985年元旦过后，天气已经很冷了，屠守锷的内心却是热乎乎的。此时，他对发展航天经济已经有了比较成熟的想法。他觉得可以从几个方面努力：建立一个能覆盖全国的广播电视系统；发射国土普查卫星，利用气象卫星预报灾害性天气；充分利用空间环境做科学实验，生产新产品、新材料，等等。

屠守锷心里边这么琢磨着，边想，还得组织人员把想法变成文章，向相关部门、相关领导反映。写成了文章之后是送报社发表，还是直接送到领导手中？……思来想去，屠守锷一时拿不定主意。曾经担任过七机部科技委办公室主任的刘景升一语点醒梦中人。"何不把稿件送到《内参》去发表？这样高层领导人都能看到。"

"这是个好办法！"屠守锷一拍大腿，继而又陷入愁绪中，"怎么送去发表？"

"这个请屠老总放心，我来联络和送稿。"刘景升拍着胸脯承诺。

刘景升的话给屠守锷吃了一颗定心丸。他立刻自己动手组织写稿，将相关资料又仔仔细细研究了一遍，不久之后，一篇简明扼要却又洋洋洒洒的文章出炉了。文章的题目叫《大力发展航天技术，为国民经济建设服务（征求意见稿）》。文中除分析了可以努力的四个方面内容之外，还从国家战略角度出发，分析了国家当前的经济能力和未来的发展需要，在国家现有的技术基础上，提出了我国航天事业的下一步发展策略。

望着眼前这篇字迹娟秀、内容鞭辟入里的文章，屠守锷满意地点了点头，他扶了扶眼镜，又仔细端详了一遍，这才将文章收了起来，小心翼翼地放好。他将工作人员叫进办公室，有条不紊地安排人将文章分送给航天工业部领导及著名专家征求意见。

时任航天工业部部长的张钧看了文章后，大加赞赏。他在征求意见稿上郑重地作出批示：所述有关问题，已十分简练、明了，似不宜公开刊报，可先在内部刊物上发表；或作为个人意见，上书国务院领导同志。

陆陆续续地，像张部长这样的反馈意见不断返回到屠守锷手中。收到意见的屠守锷此时正好在参加全国政协会议，住在京丰宾馆，与他一起参加会议的老战友不少。趁着这个机会，他与几位航天技术同仁们一起，对稿件做了最后的修改，形成最终的建议书。

4月3日,屠守锷与老战友梁守槃、卢庆骏、张镰斧、陆元九、谢光选一起,六人联名上报。出乎屠守锷意料的是,稿件几经周折传到了邓小平的手中。

原来,曾担任过七机部部长的郑天翔得知这个消息后,也去要了一份稿子。看完之后,对航天事业有着特殊感情的他大喜过望,建议书中所说到的内容与他的想法不谋而合。一个想法在郑天翔的心中扎了根、发了芽,提起笔,他开始写推荐信。几天之后,一篇长长的,有理有据的推荐信就写好了。向谁推荐?原来郑天翔觉得,这么好的建议书应该要送到邓小平的手中才是。但是单单一篇建议稿似乎还不够,这才想到要写推荐信。不久之后,推荐信连同建议书一并,直接送达了邓小平手中。

郑天翔的推荐信无疑是至关重要的。收到建议书之后,邓小平十分重视。4月21日,邓小平作了"我认为这是一件重要的事情"的批示。

在这之后,王大珩等科学家又提出了类似的建议,邓小平又作出了"这个建议十分重要"的批示。这些建议共同推动着航天事业局面的变化,各级领导机关对航天事业又开始重视起来。

1986年11月,中共中央、国务院批准了《高技术研究发展计划纲要》("863"计划),发展航天技术被正式列入了这个计划。听到这个消息,屠守锷非常振奋。国家重新对发展航天技术重视起来，这让古稀之年的屠守锷心里暖暖的。他热情地为航天技术研究出谋划策，正如他所主持起草的《大力发展航天技术，为国民经济建设服务》一文所述那样，后来的事实证明，航天技术与国民经济关系紧密，中国长征系列运载火箭进入国际卫星发射市场，通信卫星、气象卫星、资源卫星等得以大规模应用。

航天技术潜力无限，大有可为。老一辈如屠守锷这样的航天人所打下的基础、所争取的发展空间，给航天技术赢得了宝贵的发展机遇。

"长二捆"战歌

我们看到过一张照片，照片中，屠守锷站在前排，高举右手，斗志昂扬地唱着歌。值得注意的是，此时的屠守锷已经头发斑白，那么，年逾古稀的他在唱什么歌？我们将目光投向黑板，黑板上赫然写着歌名——"长二捆"战歌。

有几句歌词是这样写的："团结就是力量，这力量是铁，这力量是钢""向着世界，向着未来，神箭长二捆向着蓝天飞翔！"

此时的屠守锷已经退居二线，却仍旧像一个斗士一样，走到哪里都要宣传捆绑式火箭。什么是捆绑式火箭，屠守锷为何又会与捆绑式火箭扯上这么深厚的关系？这得从20世纪80年代说起。

所谓捆绑式火箭，顾名思义，是将火箭各级之间以并联方式联结的多级火箭。具体来讲，就是以主火箭作为芯级，在其周围对称捆绑若干个助推器。所谓"长二捆"，就是以我国有着"金牌火箭"美誉的长征二号丙运载火箭作为基础级火箭。

应用捆绑技术是屠守锷一直以来的主张。他认为，这是立足我国国情，研制大型运载火箭的最佳技术途径。捆绑技术投资少，见效快，且可以充分利用各级火箭之间的不同组合，快速改变火箭的技术状态，满足各种运载对象的发射需求。

这是退居二线后的屠守锷给自己找到的工作，有着丰富科研实践经验的他很想将自己这些年所积累的经验和教训传授给年轻一辈，让他们少走弯路。同时，他也想将自己的研究心得变成实际的成果，捆绑技术就是他认为可以转化的一项重要技术。

要将理论付诸行动并不容易，"长二捆"的实现注定是一场漫长的旅程。

一开始，退居二线的屠守锷所主持的工作是对火箭横向振动问题开展研究。横向振动一直是火箭研制中的共性问题。火箭是一个弹性体，飞行时整体会发生弹性振动，各分系统之间还可能发生耦合振动，而这些振动都可能导致火箭发生故障。在早前，中近程地地导弹所发生的故障就源于此。

屠守锷老早就想过这个问题，只是身兼数职的他根本抽不出时间，现在退居二线，他终于有时间做专门研究了。他的想法是，将火箭整个结构系统划分为几个部段，即子系统。做试验的时候只对子系统做，获得它的振动特性，通过计算和分析，得出整个火箭的振动特性。这样一来，振动试验塔也不需要建那么大，试验时间也能大大缩短。他之所以这么想，是想到了我国火箭的未来，这时候，他已经想到了捆绑技术。

当屠守锷的想法传到外国专家耳朵里，外国专家惊讶不已。"你敢吗？"有外国专家直接质问。

这种质问不是没有道理的，火箭不做充分的地面试验，谁也不敢冒着风险去承担不可预测的失败风险。

"这有什么不敢的。"屠守锷果断地站出来。他的判断是基于多年的经验和习惯。多年来，每每遇到难题，屠守锷总喜欢自己去尝试，去探索，去研究。这一次也不例外。他要尝试这种方法，前提是保证安全。他开始用模态分析和局部试验相结合的方法，研究火箭在飞行条件下的横向振动问题。

一开始，屠守锷所设计的计算方法因为太精细，导致的结果是计算工作量非常大，他只有一个计算器，又没有人员和经费支持，最终无法执行。屠守锷又想到了另外一种方法，那就是将计算结果与已有的试验数据进行比较，他的想法是，先看看研究方向是否正确，再建立理论方法。这种方法的工作量同样也很庞大。

有什么办法既能得到精确的结果，又能克服工作量庞大的问题？屠守锷无时无刻不在琢磨。也是在这段时间，屠守锷被组织上安排在青岛疗养，组织上本意是要他多休息，但屠守锷哪里闲得下来，他只是将办公室搬到了疗养院而已。明媚的阳光从窗户口照到他房间的桌子上，照耀着坐在桌子前的屠守锷那张沧桑疲惫的脸。屠守锷并没有被这阳光打扰到，他手里紧握着笔，忘乎所以地，"唰唰唰"地在纸上演算着，计算着，写着方案。他所做的正是火箭振动计算和研究。时不我待，他的时间有限，必须尽快拿出一个可行性方案来。终于，在1985年夏天，一篇题为《火箭横向振动的振型与频率》的论文出炉，作者正是屠守锷。

在文中，屠守锷首次提到了先利用试验求得火箭刚度分布和阻尼，再通过理论计算确定火箭的自振频率和振型方法，这样一来，既能减轻工作量，又能比较准确地获得火箭的振动特性，不必重新对整个火箭进行振动试验。

论文出来之后，吸引了科学界许多目光。研究没有止境，这以后，屠守锷又围绕火箭振动的问题做了深入研究，三年后，他撰写了《火箭弹性振动的模态》一文。文中，他提出了新的工程方法，并且以带捆绑助推器的运载火箭为例，介绍了这种方法的实用价值。其实在这之前，屠守锷就提出过在洲际导弹研究完成后，下一步就是利用捆绑技术研制大型运载火箭。他所深入研究的，所撰写的论文，其中心思想就是论证捆绑火箭的可行性。

1984年，在运载火箭技术研究院科技委年会上，屠守锷就已安排总体设计部在会上正式提出捆绑式火箭的多种技术方案。当时，捆绑式火箭引起了与会者的浓厚兴趣和极大热情，大家踊跃献计献策，对捆绑式火箭的研制信心满满。

这以后，屠守锷多次向上级部门提议，倡导立项研究运载火箭捆绑技术，由于担心捆绑技术会带来一系列新的问题，以及担心研制周期过长经费难以为继，领导们不敢贸然决定。这可把屠守锷急坏了，一天不立项，他就一天不放心。火箭，像它的名字那样，需得一鼓作气，不能踌躇不前，他设想通过捆绑技术促使中国运载火箭取得大飞跃。而且，经过总体设计部等单位的研究，捆绑助推器关键技术已经基本摸清了。如果以长征二号丙作为基础，稍加改进，捆绑4个助推器，就能使火箭运载能力提高3倍以上。

好在，时任运载火箭技术研究院院长的王永志很支持屠守锷的想法。作为院长，王永志清楚地知道，眼下正是运载火箭研究院最艰难的时期。时值改革开放初期，国家正在将重心投入国民经济发展中，研究院的科研经费锐减，一批批年轻人迫不得已离开。王永志看在眼里，急在心里。如果没有新的研制任务，他和研究院就没法实现人才的培养和传承，这对火箭事业而言无疑是极大的遗憾。

屠守锷捆绑式火箭的提出让王永志看到了希望，就是在如此严峻的形势下，屠守锷与王永志联手，成为捆绑式火箭的"宣传员"。在那段时间，屠守锷好似变了一个人，他不再是曾经那个严肃得几乎不苟言笑的总设计师，他变得能言善辩，碰到合适的人，他就会主动跟他讲述捆绑式火箭的优势和意义。他认为这是中国航天人才队伍培养、中国航天事业继往开来迫在眉睫需要做的事情。

当然，屠守锷也是有"私心"的，此时他年事已高，对他来讲时间太宝贵。中国火箭发展要更上一层楼，会有一个相当长的技术拓展期，还有许多工作需要做，他等不起，中国航天事业也等不起。他非常希望自己能利用多年来所积累的知识和经验，帮助和指导后辈们推动中国火箭研制和航天事业迈向更高的台阶。

皇天不负有心人。1988 年，屠守锷和王永志的努力终于有了令人欣喜的结果。

这年 4 月，航空航天工业部新任部长林宗棠、副部长刘纪原走马上任。林宗棠，毕业于清华大学机械工程专业，研究员级高级工程师。在航空航天部任职期间，林宗棠主持制定了关于建立天、空、地、海一体化，航天、航空、电子技术结合，攻防结合，积极防御式武器体系的建议，被列为国家国防科技发展目标，其中的弹、星、箭、机多个型号和载人航天被列为国家重点任务。刘纪原则长期从事导弹和运载火箭控制系统的研究和航天系统工程管理。当林宗棠和刘纪原听到屠守锷他们所提出的捆绑式火箭时，都对这个研制项目产生了浓厚的兴趣。

"屠老在院里吗？"那一日，屠守锷正在翻找捆绑式火箭的资料，突然听到门口传来一个厚重且亲和的声音。

"在的,在的。"运载火箭技术研究院的技术人员恭恭敬敬将来人引到了屠守锷面前。

"屠老,我们是来找您的,想听听您对捆绑式火箭项目的意见。"一眼望见屠守锷,林宗棠和刘纪原都远远地伸出手去。

屠守锷紧紧握住林宗棠和刘纪原的手,激动得不知说什么好。这么久以来,他一直为捆绑式火箭奔走呼号,这次林宗棠和刘纪原两位部长亲自过问,他知道,捆绑式火箭的春天来了。

屠守锷将一肚子的想法向林宗棠和刘纪原娓娓道出,几人谈得很投机。

"我知道,现在航天经费日益减少,领导们在投资的时候慎之又慎,但捆绑式火箭绝对值得投入。"讲完捆绑式火箭的具体操作方案,屠守锷自信满满地说。

"我同意屠老总的意见,在这特殊时期,能用少量的投资继续推动和维持航天发展平台建设,是一件对航天后继型号发展具有重大意义的事情。"刘纪原附和道。

作为部长,此时的林宗棠思绪万千,他是整个航天工业部的掌舵人,每一个决定都关系重大。听了屠守锷的介绍后,说实话,他内心里更增了几分底气。他郑重地点了点头,说道:"这样对我国航天事业有突破性意义的好项目,经费再少,再困难,也必须支持。"

几人相视而笑,特别是屠守锷,那张因为年龄大了略显干褶的脸上重又焕发出了春天般的光彩。

"屠老总放心,我们这就回去着手筹划,申请立项。"临走,林宗棠又紧紧握住屠守锷的手,坚定地说道。

"有劳了,有劳了。"屠守锷的另一只手有力地搭在林宗棠的手背上,好似要将那满腔的期待都通过这只手传递给他。

恰似"墙角数枝梅,凌寒独自开",屠守锷用他寒梅一般的品质收获了芬芳的硕果。1988年冬,那是一个寒梅芬芳的时节,火箭捆绑技术获得国务院批准,正式纳入国家发展计划。新型号定名为长征二号E运载火箭,屠守锷,这位特别的"长二捆宣传员",被聘为长征二号E运载火箭技术总顾问。

至此,中国捆绑式火箭迈上发展正轨,静待花开。

造出一个"金娃娃"

捆绑式火箭这朵寒梅竟结出了一个"金娃娃",这或许在意料之外,却一定在情理之中。

故事要从长征二号E运载火箭立项开始讲起。

长征二号E运载火箭自打立项开始就有一个强大的领导团队:王永志担任总指挥,王德臣担任总设计师,退居二线的屠守锷担任技术总顾问。

长征二号E运载火箭以加长的长征二号丙运载火箭作芯

级，捆绑4个液体火箭助推器，其运载能力比长征二号丙运载火箭提高了约3倍。而且，长征二号E的推出时机也比较好，当时，美国和欧洲的运载火箭试验连连失利，国际市场一时间没有可供利用的运载火箭。于是，1985年我国政府宣布将长征系列运载火箭投入国际市场，1986年我国迎来了国际发射服务市场的有利入市时机。

1987年，对长征二号E而言，是一个充满挑战的年份。这年9月，澳大利亚奥塞特公司就建立第二代国家卫星通信系统在悉尼招标，中国长城工业公司以发射服务分包商的身份与主承包商组合参加招标。在当时，长征二号E运载火箭尚无实物，主承包商休斯公司仍旧将其列入了运载火箭方案中。第二年，招标结果出炉，休斯公司中标，其中标的主要内容是使用长征二号E运载火箭发射两颗HS-601卫星。

长征二号E还只是个草图。这次中标给我国运载火箭技术研究院带来了极大的机遇，同时也带来了巨大的挑战。

早在谈判期间，休斯公司提出的条件就已白纸黑字写得明白：在休斯公司制造的、由澳大利亚经营的卫星发射前一年，即1990年6月30日以前，中国火箭必须竖立在发射架上。试验失败或无正当理由推迟发射，美方有权终止合同，并索取赔偿费100万美元。

这是一个近乎苛刻的条件，运载火箭研究院沸腾了。签还是不签？一时间议论纷纷。

"美国休斯公司的意图很明显，他们吃准了我们在短时间之内研制不出火箭,眼睛盯着赔偿款,打着如意算盘呢!对我们而言,这却是一次绝佳的机会,可以利用外来资金研制我们自己的火箭,这是开天辟地的好事。但是,我们所面对的是一个激烈的市场和一个巨大的挑战。合同签还是不签,我想听听大家的意见。"在讨论会上,总指挥王永志说道。

"签,不惜一切代价,一定要把这份合同签下来!"70多岁高龄的屠守锷中气十足地说,"我们的航天有一支这么好的研制队伍,有30多年拼搏打下的基础,此时不拼更待何时!"

屠守锷的话给年轻的火箭研制者们注入了一股力量,有人附和:"屠老总这么有信心,我们就没什么好退缩的,拼尽全力也要拿下这个合同。"

大家你看看我,我看看你,如果说在这之前还有人持犹豫不决的态度,那么在屠守锷发言之后,大家都打消了摇摆不定的念头。决心已定,大家信心满满,仿佛看到,随着一声脆亮的"发射"口令,一个闪耀着光芒的"金娃娃"冲向了天际,在湛蓝的天空中划出了一道气宇轩昂的弧线。

"我赞同屠老总的意见,拿下这个合同!"

"我们一定能拿下捆绑式火箭。"

"国家需要,义不容辞!"

……

大家纷纷表态。王永志满意地点了点头:"既如此,我将大家的意见上报给领导部门,争取签下这个合同。"

有了众志成城的决心,沿着憧憬的方向,火箭研究院上下忙活开了。

没有资金，运载火箭研究院就贷款，开始了先期的研究。1988年12月，时任国务院总理李鹏主持国务院办公会议，在这个会议上，长征二号E运载火箭研制工程被批准，且被列入了国家重点工程。对于这项重点工程，国家的要求相当严格。最具挑战的恐怕还是时间，国务院要求：从1989年1月起，18个月内完成首次飞行试验！

18个月，研制一个新型号，这无疑是一项艰巨的任务。

当王德臣拿着画在纸上的火箭跟休斯公司谈判，并且说能在18个月后让它顺利飞天时，美国的专家们竟不约而同地笑了起来，仿佛他们听到的是一个狂妄的笑话。紧接着，美国方面派遣了考察团跟随王德臣来到中国考察。

考察结束，美国休斯公司特聘的火箭技术顾问、大力神火箭副总设计师史密斯很严肃地对王德臣说道："王德臣先生，我要提醒你，研制这样一枚火箭在我们美国至少也要三四年，你们说18个月就能完成，你们中国人是在说胡话吗？"

史密斯的话让王德臣大为不爽，但科学面前只讲事实，毕竟火箭还没研制出来，他也不好说狠话来反驳，只是很笃定地说："说了18个月能造出来就能造出来，你们就等着瞧吧。"

此时的王德臣心里有底吗？其实他也很忐忑。话说出去了就要做到，这不是他王德臣一个人的面子问题，而是整个中国的形象问题。说他心里没底？其实他也有他的底气，因为他所带领的，在他身后做支撑的，是整个创造了"金牌火箭"

的神话队伍,这支队伍就是屠守锷当年率领的洲际导弹和长征二号丙运载火箭的研制队伍,他们身经百战,且与从前的总设计师,如今的总顾问屠守锷配合默契。再一次聚到总师麾下,长征二号 E 运载火箭研制队伍的每个人都铆足了劲。

18 个月造出一个捆绑式运载火箭,困难很多,拦路虎也不少。主要来自两个方面:一是作为第一次系统使用的技术,捆绑技术本身就存在不少技术难题,比如助推器的捆绑和分离技术、双星发射技术、大型卫星整流罩技术,等等,这样的重大技术难题就有 20 多项。二是周期短所带来的巨大工作量。18 个月的时间,研制团队要完成正常情况下三四年的工作量,那就意味着设计部门要在三个月内完成 24 套、44 万张图纸的设计;生产部门光新技术一项就有 126 个工艺攻关课题;试验部门要在半年内完成仿真试验、综合匹配试验、全箭振动试验等 300 多项地面试验……

"全力以赴,首发必胜!"火箭研制者们面对艰巨的挑战提出了必胜的口号。时间紧任务重,火箭研制团队就将设计出图和物资备料、设计和工艺准备、工艺审查和生产准备、生产和试验、研制和靶场准备等结合起来,灵活作战,形成了五个交叉作业面。在研制程序和生产上,研制团队同样采取了结合的方式,这样既缩短周期,又节省经费。结合的做法好处多多,但对研制团队的要求也相应提高了。

总顾问屠守锷的工作难度更大了。项目启动后,屠守锷临危受命,一如既往地主持关键项目的攻关。他从最基本的原理开始推导，通过一系列的推算，仅用了一年时间，就总结出了一套完整的设计方法和试验程序。是骡子是马，总是要拉出来遛遛的。实践是检验真理的唯一标准，理论接受实践检验的时候到了。

几十米空中，试验设施高高耸立。像往常一样，屠守锷来到铁梯架前，矫健地向着高空爬去，只是此时的他已是 70 多岁高龄。

对照着试验设施，屠守锷聚精会神地按照试验大纲核对每一项内容。风扑打在他的脸上、身上，他竟似乎浑然不觉。不知道过了多久，屠守锷从架子上下来了。他冲着设计人员们满意地点点头："程序和方法都是正确的，没问题！"

担任总设计师以来，屠守锷面对过无数大大小小的问题，每一次他都强调要反复、多渠道地去验证和论证，确保万无一失。这一次在退休高龄担任总顾问，他本来可以坐在办公室远程指导，完全没必要到野外去坐镇指挥，可是他不放心，很多重要的内容他还得亲自到现场核对和确认。事实证明，从洲际导弹到长征二号丙，从长征二号丙再到长征二号 E，他的许多理论和见解都得到了有效的验证。他一直主张通过试验和计算来缩短周期，这次，他又做到了。

1990 年 6 月 29 日，历史再一次记住了这个在中国火箭史上重要的日子。这一天，长征二号 E 捆绑式运载火箭成功矗立在了西昌卫星发射中心第二发射架上，比原定时间提前了一天。

西昌卫星发射中心，组建于 1970 年，位于四川省境内，中心总部设在秀山丽水间。相对于酒泉卫星发射中心，西昌的优越条件颇多，它海拔高、纬度低，地形隐蔽，地质结构坚实，水源丰富稳定……

矗立在秀山丽水间，长征二号 E 显得格外惹眼。

望着这个全箭起飞重量 462 吨，全长 49.7 米，芯级直径 3.35 米，卫星整流罩最大直径 4.2 米的长征二号 E 运载火箭，有一位年轻人感慨万千，抑制不住内心的激动，写下了一段感情饱满的话语："风中翻飞的树叶，翻过了无数的岁月，终于有一天，炎黄子孙扎出了风筝在风中翩翩飞扬；风筝又飞翔了很多年，华夏儿女再一次制造出冲天的火箭在云中扶摇翱翔；今天，在火箭的故乡，长征二号 E 运载火箭又竖立在发射架上，它将在九霄云外再次张扬故乡人的豪迈与自强！"

他说的没错，这枚大型二级捆绑式运载火箭即将冲上云霄，走向世界。

事情总是难得一帆风顺，总要经历曲折。西昌的夏天高温多雨，当开始给火箭加注推进剂时，有工作人员发现，火箭"出汗"了。当工作人员给火箭做完紧急处理准备再次发射时，火箭又因发射前 30 分钟出现故障而中止发射。装有推进剂，在发射台已经待了 5 天的火箭等不起了，箱内温度不断攀升，4 个火箭助推器上的脉动压力传感器部位先后出现了氧化剂渗漏现象，指挥部只得决定将 4 个助推器的氧化剂泄出，更换传感器。到舱内更换传感器可是个危险的活儿，当第一个传感器被卸下时,舱内充满了四氧化二氮。四氧化二氮,强氧化剂,为重要的火箭推进剂之一,剧毒,且有腐蚀性,其分解成的二氧化氮为红棕色气体具有神经麻醉的毒性。眼下,这个有毒气体让拆卸人员视线模糊,大家只能用手摸索着工作。

10分钟后,最先进入舱内的魏文举严重中毒,晕了过去。伴随着救护车的鸣笛声,艰难且紧迫的排险还在继续着,跟魏文举一起进入的陆阿宏虽然也已经有了中毒迹象,却还在坚持排险。

"陆师傅,你还撑得住吗?给你配个助手吧。"车间领导见状,准备给陆阿宏派助手。

"不不,不需要,里面太危险了,要死,就死我一个吧!"说完,陆阿宏又迅速钻回舱内。

舱里面毒气依旧弥漫,陆阿宏迅速又严谨地拆卸、更换着传感器。最终,8个传感器顺利更换,其中7个是陆阿宏一手更换的。

医院的不幸消息陆续传回到了发射场地。魏文举因中毒过重抢救无效献出了自己宝贵的生命,副总指挥于龙淮和总设计师王德臣也因中毒陆续被送进了医院。情况越来越紧急了,站在舱外的设计师们自发团结在一起。

"团结就是力量,团结就是力量,这力量是铁,这力量是钢……"

一曲《团结就是力量》嘹亮地响起。这歌声让整个团队凝聚在了一起，仿佛生发出了一股无往不胜的力量。

7月16日，长征二号E运载火箭再次加注发射！就在这时，质疑声又来了。有专家说捆绑后的火箭产生的谐振将会带来灾难性的事故。谐振，这是个令所有航天人望而生畏的词。中近程导弹因为弹性振动而首飞失利的教训深深刻在了中国航天史上，长征二号E运载火箭断然不能再重蹈覆辙，也没有时间给它重蹈覆辙。很多人被权威专家的质疑给吓住了，有人建议暂不发射，重新做了振动试验再说。

重新做振动试验，这显然不能在即将到来的合同期限内完成发射。火箭到底发不发射呢？研制团队很快召开了发射会议。会议上，有人极力主张发射，也有人觉得要稳妥一些，不赞成发射。持这两种意见的双方人员各执一词，讨论或者说是争论十分激烈。会议从晚上7点半一直持续到凌晨1点半，依旧没有定论。

"屠老总，这可怎么办啊？"会后，总设计师王德臣找到屠守锷，因为焦急，王德臣有些坐立不安，端着个身子等待着屠守锷的回话。

屠守锷并没有立刻回复，而是沉思了半响，之后，他语调低沉，毫不含糊地说道："把公式找出来，计算后再说。"

屠守锷的冷静给王德臣吃了一颗定心丸："好，就按您的意思办。"说完，王德臣匆匆走出办公室，朝着试验基地走去。紧接着，所有研制人员都忙活开了。

按照屠守锷的意见，研制人员找出公式，一遍又一遍地计算着、核验着。不久结果就出来了，从力学角度来讲，作为单自由度、单维公式，质疑者的假设并没有错。但是，长征二号E运载火箭是一个捆绑火箭，当把针对单一火箭的假设条件放在多自由度、多维捆绑火箭身上时，质疑者的假设条件就出现了严重偏差，因为这根本就是两个完全不同的概念。

"屠老总，大家根据公式反复计算，结果都没有问题。"拿到结果后，王德臣大喜过望，便高兴地跑去告诉了屠守锷。

此时，国防科工委主任丁衡高也在，他轻声询问屠守锷："屠老总，您看能发射吗？"

屠守锷镇定地说："要讲实践经验，他们不比我少，他们都是亲临现场，独当一面的。"屠守锷把眼光望向了王德臣和研制人员，继续说道，"他们说能打，我们就应该支持。"

此时的王德臣和研制者们已然是信心满满，他再一次详细地将计算结果和问题性质解释了一遍，意思再明显不过：火箭没有问题，可以发射。

"按原定计划实施，准备发射。"听完王德臣的汇报，屠守锷果断地说道。

这个关键的决策终于成功将搭载着巴基斯坦科学卫星和模拟"澳星"的长征二号E运载火箭送上了浩瀚宇宙。好消息传回，巴基斯坦科学卫星被准确送入预定轨道。虽然火箭因装在第二级电路中的一根插座连线出现错误，模拟"澳星"未能被送往预定椭圆轨道，但联合代表团对火箭进行全面严格的评审后，最终仍旧给出了"满意"的评价。

"中国人能创造出西方人做不到的奇迹。"一开始对中国是否能在18个月造出火箭持怀疑态度的史密斯在考察评审后说道。

这个结果令中国沸腾，世界震惊。这标志着中国在国际卫星发射市场已然与世界航天四强形成了一定的竞争态势。而捆绑式火箭的成功研制是中国火箭创造的一大进步，为中国经济送上了一个"金娃娃"，为举世瞩目的"神箭"发射铺垫了坚实的道路。

夕阳未晚

又是一日晨风起，第一缕阳光铺洒大地。秋日的北京，黄灿灿的银杏叶美得通透，一片一片缓缓地从树上纷飞飘落，地面已是橙黄一片。

轻柔的音乐随落叶飘飞，空气仿若看得见的薄纱，轻柔舒缓。

一位老人，身着白色太极练功服，随着音乐，缓缓将左脚开立，双手前平举，双腿下蹲，收脚抱手，右脚后退，双手展开，一招白鹤亮翅如行云流水。

……

待到一套太极拳练完，人也陆续多了起来。老人利索地收拾好行头，静静地往家里走去。这个过程，除了音乐，他没有听到任何其他声响，一切都是那么静谧、安详。此时，天边一轮红日才刚刚升起。

这位老人就是屠守锷。真正离开工作岗位时，屠守锷已经80多岁。此时，我国蓬勃发展的航天界少了一位忙忙碌碌的总工程师，海晏河清的生活里却多了一位随着古典音乐刚柔并济打着太极拳的老人。

直到这时候，这位为了我国航天事业忙碌了半辈子的老人才真正回归到家庭，回归到他那位携手走了一辈子的伴侣身旁，回归到有着五个懂事乖巧子女的幸福港湾。

往事，像一张张昏黄的照片，在这位老人的头脑中翻过。甜蜜、艰难、温馨、曲折……各种各样的人生颜色编织在一起，让屠守锷瞬时迷离了起来，仿佛分不清楚当下和过去。

太极，他练了一辈子。他记得最开始爱上这种"以静御动，虽动犹静"的运动是在20世纪60年代初。那时候正值国家困难时期，为了克服营养不良对身体造成的影响，屠守锷想到的办法是坚持每天打一套拳。一辈子一套拳，像极了他对航空航天事业的坚守。到了老年再练太极，已达到炉火纯青的地步。

迎着初升的太阳，屠守锷匆匆往家里赶。推开家门，老伴秋粟已经起床了，她已然满头白发，精气神愈发的颓靡了。老伴身体不好，以前是由在兵团的女儿伺候照顾，现在，屠守锷接手了。

秋粟,这位陪伴了屠守锷一生的伴侣,一直以来都是屠守锷生活中的主旋律。

跟屠守锷一样,秋粟是个一心扑在工作上,且喜欢投入具体、实在工作的人。一开始,秋粟在北京市委上班,日子在她细碎的脚步下过得风风火火。在常人看来,北京市委这样的机关单位是多好的归宿,可是秋粟不喜欢,才工作没几年,她就主动请缨下基层。1950年,她如愿以偿地来到了北京实验中学担任校党支部书记。

秋粟性格直爽,脾气不小。屠守锷宽厚温和,从容柔软。在工作中"倔强"严肃、说一不二的屠守锷,在生活中却是另一番景象。秋粟生气他就微笑,这火也就没法发了,所以,家里总是一片"天下太平"的光景。这是屠守锷的孩子们对父母的印象。

"守锷,你又练太极拳去了?"秋粟用虚弱的声音询问。

"对喽,打一轮太极,神清气爽。"屠守锷温和地说着话,一边往茶几走去。他娴熟地拿起杯子,倒上热水,兑好凉开水,倒在手上试了试水温,刚刚好。又从抽屉里拿出药丸子,放在手心里,径直朝老伴走去。

"来,要吃药了。"屠守锷轻声说道。一天三顿药,屠守锷伺候着老伴吃,从未有过差错。

秋粟从他手中接过药,温顺得像个孩子。在过去那些艰难的岁月里,这个坚强的女人从不对家人发脾气,却什么都跟屠守锷讲。抱怨、不满、委屈，只有屠守锷看得到她脆弱的一面，从结婚到白头，屠守锷是她最值得信赖，也最能包容她，给她依靠的人。他懂她，也自觉自己亏欠她，亏欠这个家。

"今天孩子们要回来吧？"说到孩子们，秋粟满是病容的脸上焕发出了幸福的光彩。

"对了，我等会儿去买点菜回来，你想吃什么？"屠守锷屁股还没着椅子，却又准备出门了。

"老大爱吃红烧肉，老二爱吃茄子，老三……"秋粟细数着孩子们爱吃的菜，语气也愈发快活起来，"你拣孩子们爱吃的买。"

屠守锷和秋粟育有三女二子，这对一心以事业为重的夫妻很少管孩子们的日常。早些时候，屠守锷将慈祥能干的母亲接到家中照料孩子们的日常。

屠守锷与母亲，多年来母慈子孝。等接了母亲到北京时，目不识丁的母亲已经在少年屠守锷的帮助下认识了不少字。

"阿妈，我去单位了，家里事劳烦您，我会常给您写信的。"屠守锷依稀记得自己刚把母亲接过来那会儿，家里孩子们都小，自己又刚刚转行到导弹行业，繁忙得很。

"孩子，你去吧，你写的信阿妈能看懂了，家里你放心，有事我也会给你写信。"母亲有些"得意"地说。这个为家里操劳了一辈子的女人，看上去瘦弱单薄的女人，却蕴藏着惊人的能量，她总能把家里收拾得井井有条，为儿子儿媳守护好大后方。或许，这正是无数普通母亲的伟大之处。

就这样，屠守锷和秋粟心无旁骛地工作，孩子们也在母亲无微不至的操持中渐渐长大。偶尔得空回家，屠守锷还是像小时候那样，继续教老母亲认字。母亲也少了当年的娇羞，而是大大方方学了起来，她需要认识更多的字，这样才能更好地教育孙子孙女，看懂儿子的信件。

好景不长，母亲终究是老了，累了，病了，最后离开了最疼爱的儿子。母亲去世那日，屠守锷哭得撕心裂肺。母亲为他，为这个家操劳了一辈子，自己为母亲做了什么？自己的大部分时间都扑在工作上，为母亲做的微乎其微。越想，屠守锷越愧疚，内心里也更加伤心了。如今，自己也年事已高，再想起亲爱的母亲的音容笑貌，屠守锷感到无比温暖，也更能理解当年母亲对自己，对这个家的付出是多么伟大和无私。大约，为父母者，都希望孩子好，除此别无他求。

想着这些往事时，屠守锷已经在去买菜的路上。他加快了脚步，趁着时间还早，去市场或许能买到更新鲜的食材。想着孩子们要回来，他感到满满的幸福。

母亲去世后，姐姐来了。屠守锷又想起了可亲可敬的姐姐，为了能让弟弟安心工作，姐姐从母亲手中接过了这平凡却并不简单的担子，一直待在北京帮忙照顾孩子们。

一束光从树缝隙里打下来，正好照射到屠守锷的眼睛上，他抬起头，眯缝着眼睛，盯着斑驳的树影，想起了那个同样明媚的星期天。

那是20世纪50年代的一个星期天，天气明媚。屠守锷的姐姐，也就是孩子们的姑姑，迫不及待地想带着孩子们去玉渊潭公园玩，孩子们也是叽叽喳喳，像追慕春光的小鸟儿。

"你们去玩吧，我在家里做饭。"看着一家人的好兴致，屠守锷开心地笑了，他好不容易在家，想琢磨着自己做顿饭给姐姐和孩子们吃。

父亲说要做饭，孩子们仿若听到了一个大新闻。要知道，平素里父亲是很少有空闲做饭的。在孩子们的印象中，父亲大部分时间扑在工作上，在家的时间都很少。即便是在家，他也几乎不说话，坐在桌子前，坐在小板凳上，坐在任何一个不起眼的角落，永远保持着一种旁若无人的计算姿势。一个人、一支笔、一张纸，沉浸在他自己的世界里面，不停地算，不停地算。他在算什么？小时候，孩子们不懂，只知道父亲不管家，也不管他们。这突然说要做饭，可不就是太阳打西边出来了？屠守锷的姐姐和孩子们既惊讶，又惊喜，满怀期待地出门玩去了。

其实，姑姑带着孩子们回家吃饭的兴致比玩的兴致大。并没玩多久，他们就迫不及待地回到家，满屋子弥漫着的肉香味扑鼻而来。姑姑三步并两步地跑到厨房，想看看父亲到底做了什么好吃的。走近一瞧，原来是锅里煮了一只圆鼓鼓的没有开膛破肚的鸡。

这是在孩子们的印象中，父亲屠守锷在家做的第一顿饭。重又想起这第一顿饭，屠守锷忍不住"扑哧"一笑。

屠守锷和爱人秋粟平素都忙,孩子们却都教育得好,带养得好。屠守锷发自内心感谢自己的母亲和姐姐。全家人都不知道他具体是干什么工作的,但都知道他的工作对国家很重要,所以全家都把他的工作放在第一位。母亲和姐姐无私地帮他把家庭照顾得井井有条,妻子秋粟也是个明事理的人,与母亲和姐姐相处融洽,这为屠守锷打造了一个温馨和美的大后方,让他工作起来心无旁骛。

再后来,随着形势变化,屠守锷的姐姐回了老家,不能再帮他照顾孩子,家中最大的女儿接过姑姑的重担,管起了家。

……

一晃几十年过去,过往种种像放电影般在屠守锷眼前闪过。"扑哧"一声笑过之后,一缕伤感愁绪拍打着屠守锷饱经风霜的心。回忆起从前的种种,屠守锷感慨万千。工作繁忙的时候,这个家对他而言就像是个集体宿舍,除了与家人一起吃饭,他的时间和精力都扑在工作上。如今,真正离开了工作岗位,他感觉自己是真正地回了家。只是,此时的家,孩子们已经成家立业,只有他和爱人秋粟相依相守。亲爱的母亲和姐姐,如今都已不在了,时光啊,送走了多少前尘往事。转而又看了看自己,已然满头白发,脸上布满了皱纹。

继而,屠守锷又释然了。人终归会老去,逝去,归尘,归土。庆幸的是自己一生坦荡,虽有愧于家,却为国奉献了一辈子。他抬头望了望无垠的蓝天,仿若一团赤焰闪现。他自豪地笑了笑,祖国的导弹呵,时至今日,已经屹立在世界之林,蓬勃发展。

"老屠，你也来买菜了？"来到菜市场，屠守锷碰到了以前一起工作的老同事，如今一个个都白发苍苍，变成了普通得再普通不过的老人家。

"是啊，嘿嘿……"屠守锷笑得温和，与从前严肃的他截然不同，"孩子们回来，做几个菜。"

虽是 80 多岁高龄，屠守锷身体却还健朗，走起路来健步如飞。买完菜回到家，孩子们已经回来了。如今，他们也已为人夫，为人妻，为人父，为人母。

"阿爸，您喜欢听音乐练太极，猜猜我给您带来了什么？"小儿子搬来一个盒子，一脸神秘地卖起了关子。

屠守锷上下打量着箱子，比画着它的尺寸大小，微微一笑："难道是音响？"

"我的阿爸额，您可真是火眼金睛哦。"小儿子惊讶得连忙竖起了大拇指。打开包装，只见一个崭新的音响出现在他眼前。

屠守锷盯着音响看了半晌，他天天练太极拳，也喜欢听古典音乐，孩子们的孝心真是用到了点子上。他突然似又想到了什么，转过头望见妻子秋粟，只见她眉头紧锁，并没有说话。

"东西好是好，只是你们阿妈这病吵不得，我不需要音响，拿回去吧。"屠守锷跟小儿子说。说话的空隙，他又帮孩子们把音响放回箱子里，打包起来。爱人秋粟不能接受音乐的"噪音",为了让妻子安心养病,他自觉不再听自己喜欢的音乐。

看着屠守锷如此"自觉",秋粟眉头舒展,拉着孩子们在一旁火热地聊起了天。晚年的秋粟很关心社会热点问题,孩子们回来了,她还常常会跟他们一起讨论。

屠守锷只是坐在旁边听着,并不参与讨论。有时候,他也会找来一些资料,对大家讨论的问题做一下调查研究,如同他做火箭研制那般严谨。

在孩子们的眼中,父亲屠守锷是个身心都被工作填满的人,是个脾气好从不打骂他们任何一个的人,是个生活自理能力很强,从不愿麻烦别人的人……

等孩子们都各自回家了,偌大的家又只剩下了屠守锷和老伴秋粟。窗外,秋风萧瑟,忙碌了一天,突然安静下来,一阵倦意袭来,秋粟的身子骨支撑不住了。屠守锷推着坐在轮椅上的秋粟,缓缓朝房间走去。夜幕落下,老夫妻俩也准备就寝了。

"守锷,守锷,我睡不着,我要吃安眠药。"屠守锷的眼皮才刚合上,秋粟就喊了起来。这是老毛病了,晚年的秋粟身体不好,睡眠也不好,常常喊着要吃安眠药。

"好,好,我去拿。"屠守锷从床上一骨碌爬起来,心里担心,却从不数落妻子。他自然知道安眠药吃多了不好,自己悄悄地用维生素 B_1 把安眠药替换了,递给老伴,"秋粟,吃药吧,吃了好好睡一觉。"

不一会儿工夫,自以为吃了安眠药的秋粟沉沉睡去。帮妻子掖好被子，屠守锷这才躺下。夜，那么静。一天，就这么过去了，那么喧闹，却又好似那么悄无声息。一辈子也如是，那么厚重，却又那么单薄，仿佛一晃眼就过去了。

这晚，屠守锷做了一个长长的梦，梦里，他回到少年时代，日本飞机在头顶盘旋轰炸。他发誓要造出中国人自己的飞机。他梦见，他做到了！

……

光阴似箭，屠守锷陪着爱人秋粟走过了晚年那些平静的春秋冬夏，终于也迎来了分离与死别。那是秋粟的生命晚期，身体越来越差，治疗心脏病药品的输液速度得严格控制在每分钟不超过6滴。时年已经快90岁的屠守锷，每次都陪在老伴身边，两眼盯着滴液瓶，时不时地数着自己的手表秒针，观察输液的速度。那个场景，深深印在了他的孩子们心中。

再后来，2012年12月15日，屠守锷，这位为中国航天事业奋斗了一辈子的老人与世长辞，享年95岁。

他安详地走了，去了另一个世界。可是，我们知道，他从未走远，他的科学精神和爱国情怀刻在了中国航天事业那一部厚重的鸿篇巨制里，刻在中国航天辉煌的未来里，与山河同在，如星光般璀璨。

后　记

与山河同在

2021年10月16日，对酒泉卫星发射中心而言，是一个特殊的日子。

在20世纪下半叶，酒泉，这个坐落在我国大西北沙漠戈壁内陆城市的发射中心，见证了很多个这样的"特殊日子"。问天阁里，三位航天员早早就来入住了，与以往不同的是，这次乘组要到太空过年，这在我国历史上还是第一次。执行神舟十三号发射任务的是长征二号F遥十三运载火箭，它与发射神舟十二号的遥十二运载火箭同时进场作为应急备份，其基础级已经在发射场竖立停放了6个月，这次，它要转正了。

"总指挥长同志，我们奉命执行神舟十三号载人航天飞行任务，准备完毕，请您指示！中国人民解放军航天员大队航天员翟志刚！"

"航天员王亚平！"

"航天员叶光富！"

"出发！"

"是！"三位航天员齐齐站，"敬礼！"

神舟十三号航天员出征仪式在问天阁广场庄重举行，随着总指挥长一声令下，现场响起热烈的欢呼声，《歌唱祖国》乐曲响起：

> 五星红旗迎风飘扬
> 胜利歌声多么响亮
> 歌唱我们亲爱的祖国
> 从今走向繁荣富强
> 歌唱我们亲爱的祖国
> 从今走向繁荣富强
>
> 越过高山　越过平原
> 跨过奔腾的黄河长江
> 宽广美丽的土地
> 是我们亲爱的家乡
> ……

在豪迈洪亮的乐曲中，三位航天员走向神舟十三号飞船发射塔架。

"十、九、八、七、六、五、四、三、二、一，点火！"

2021年10月16日0时23分，酒泉发射中心，随着一声巨响，搭载神舟十三号载人飞船的长征二号F遥十三火箭按照预定时间精准点火发射。一缕橙黄烟云从发射塔架四散开来，仿若绚烂的流星拖着长长的光的尾巴，长征二号F遥十三火箭迅速升空，不久后，火箭在祖国上空与半轮明月交相辉映，构成了一幅绝美画卷。

582秒后，神舟十三号载人飞船与火箭成功分离，进入预定轨道，顺利将翟志刚、王亚平、叶光富三名航天员送入太空，发射取得圆满成功。随着神舟十三号飞船的发射入轨，神舟十四号飞船也运抵发射场，随时待命。我国的航天事业又一次完美腾飞。

坐在电视机旁，我屏气凝神，观看了神十三的发射全程。紧张、兴奋、期待……各种滋味盘踞在我的心头，心被提到嗓子眼儿。要搁以前，我纵然会稍许紧张，却不会如此紧张，自从写作了本书，深入了解了屠守锷院士的故事后，我对航天航空、火箭导弹等的认识深入了许多，对中国航天的情感也深入了许多。

我深知一次成功的火箭发射牵动着上上下下无数人的辛勤劳动和血汗付出。我模拟着，如果屠守锷院士还在世，如果他也在电视机前看到了神十三发射的那一幕，他该有多么高兴，多么兴奋，多么紧张。这样复杂的情绪屠守锷院士一生中经历了多次，每一次导弹的发射于他这位负责人而言都如临大考。我国航天收获了多次震惊世界的成功,那一径长途自然也囊括了无数失败,屠守锷院士见证过这些成功,也承受过这些失败。坚毅如他,在任何艰难的情况下都挺过来了。他总是一心扑在航天事业上,用一份对事业的无限执着赢得了一次次最终的"发射成功"。如今,神十三的成功发射,无疑是我国航天事业的华丽序章。

每每看到我国航天事业取得骄人成绩,我总会想起第一代航天人,想起屠守锷院士。很长一段时间,有不少人管屠守锷叫屠老总。这位屠老总有着鲜明的个性和特点。比如,他话不多,却句句言简意赅、切中肯綮,他给学生后辈上课都是满满的干货。比如,他总是争分夺秒,就算在开会期间若有小会儿空闲,都会捡起一块小纸片或小烟盒,旁若无人地演算公式。比如,他工作极其严格,不许科研人员说"也许""大概"这类泛词,他说科学必须精确。比如,他从来不摆总师的架子,总是在实验室与科研人员同劳动、同作息……我印象最深的是,在每次飞行试验时,屠守锷总要亲自爬上高高的发射塔架,亲自指导最后的检查,不放过任何一点纰漏,哪怕只是一根头发丝。正是这份严谨,这份执着,这份敬业,最终促成了一次次"发射成功"。成功不易,往往是从艰难中摸索,在失败中突破。失败是成功之母,这句话对于任何一项科学实验都适用。在屠守锷主持火箭导弹研究的一生中,遭遇过无数次失败,他也曾一度被人嘲讽为"常败将军",那些时候,他也颓靡过,难受过,焦虑过,但最终还是凭着浓烈的爱国热情、坚定的理想信念、高超的专业水准，于艰难中取得突破，转败为胜，转危为安。

生活中的屠守锷院士却不似工作中严格严肃。屠守锷不爱抛头露面，更不愿接受记者的采访，他喜欢一切静的事物。在航天机关大院，人们常常会看到一位中等身材，戴着眼镜，身着一件灰色中山装，脚穿一双黑色布鞋的老人，在老伴的陪伴下，他步态从容，神态悠闲。这就是功勋卓著的火箭总师屠守锷退休之后的模样。除了散步，屠守锷还爱打太极拳、听古典音乐和读书。魏巍的《地球的红飘带》曾在他的案头放了很久，他在阅读中休息，也在阅读中汲取人生的养分。工作之余，他还常常徜徉在贝多芬、柴可夫斯基、勃拉姆斯等音乐家的作品中，收获一份轻松、一份欢愉。

家人面前的屠守锷就更加和蔼可亲、平易随和了。他一直教母亲认字，并且将教母亲认字当作一项任务来执行，在他的坚持不懈下，母亲终于从目不识丁，"成长"为可以看信、读小人书。一心扑在工作上的屠守锷，一生中待在家里的时间并不多，可家，却永远是温柔的港湾。

"人家能做到的，不信我们做不到。"

"把失败作为我前进的动力。"

"没有好的作风，就没有资格搞航天。"

"航天事业成就是在中央有力领导下，全国大协作的结果，是全体科技人员、工人和管理人员辛勤劳动的结果，我只是这支队伍中的一分子，按分工做了我该做的工作。"

后记　与山河同在

……

屠守锷院士的话，至今催人奋进，令人钦佩。工作中的屠守锷，严谨认真，一丝不苟；生活中的屠守锷，平易近人，温和淡然。当我们立体地来解读屠守锷充实饱满的一生时，我们发现，他的精神涵养，他的处世哲学，时至今日，对我们都有着深刻的启示意义，于科学研究如是，于为人处世亦如是。

作为《"两弹一星"元勋故事丛书》之一，《屠守锷：潜心为国铸长剑》所肩负的使命很明显。根据丛书要求，写作需要立足弘扬爱国主义精神，通过功勋科学家的成长进步故事讲清楚什么是爱国主义。立足于百年未有之大变局之中，功勋科学家们在国之大者与个人命运间的选择无疑是崇高的，他们的历史观、国家观、时代观是宏大的，值得后来者思考与学习。在写作时，我力求深入展现这份情怀，然而，我发现屠守锷院士的故事处处都彰显着这样的"爱国主义"和"大局观"。由此，本书的写作目的也就自然而然跃然纸上。

其一，讲好功勋人物的故事。屠守锷院士其人高风亮节，其事感人至深，在写屠守锷故事的过程中，我多次为其行为，为其选择而深受触动。他本可以选择待在国外过优渥的生活，可是他选择了回到积贫积弱的祖国，为国家建设奉献力量；他本可以待在学校做一名安稳的教授，教书育人，可是他毫不犹豫地接受组织安排，选择了一片空白的航天领域，做第一代开拓者；他本可以儿女促膝度过安乐的晚年，可是他并未贪图安逸，而是选择了继续为导弹事业而奔波，奉献自己最后的余热……这样的屠守锷院士让我发自内心敬佩，也自觉要尽力书写好他的故事。因为我深知，作为老一辈科学家，他与我国航天事业同频共振，书写的内容便不仅仅是屠守锷的故事，而是我国航天历史的一个缩影，是航天精神的一个体现。

其二，让科学精神在传承中发扬。屠守锷等老一辈航天人身上所体现的航天精神非常明显：热爱祖国、坚定理想、顽强拼搏、无私奉献、勇于创新、团结友爱、不怕困难、不畏艰辛，等等。时至今日，这些航天精神依旧是我国航天事业飞速发展的不二法宝。也正是如屠守锷这样的老一辈航天人，用一辈子的血汗孕育铸就了这些航天传统精神，在这种航天精神的熏陶下，一支作风优良、技术精湛的航天队伍逐渐形成。事实上，不唯航天事业，我国任何科学事业都需要继承这些精神，只有在传承中发扬光大，精神才能绽放出夺目光彩，我国航天事业、科学事业才能取得更加辉煌的成就。

其三，希望榜样走进千家万户。我们都知道，榜样的力量是无穷的。在查阅屠守锷院士的诸多资料了解他的相关事迹时，我自己先是被深深鼓舞。从童年，到青年，到中年，再到老年，本书讲述了屠守锷的一生。虽然我们不是处于同一时代，也不从事同一领域的工作，但我们依然可以从他的一生中找到我们当下生活的影子，并引以对照。人生有低谷，有高潮，有成功，有失败，屠守锷院士的经历让我们学到了胜不骄败不馁，学到了在任何情况下都意志坚定从容不迫，学到了在任何人生阶段都不忘初心矢志前行。希望这样的榜样能走进千家万户，活在人民心中，似烛似灯，指引前路。特别是希望有更多的年轻人能够全面了解屠守锷院士的故事，从他的故事中汲取养分，树立远大抱负，矢志不渝坚守始终。青年强，则国强，能激励一代又一代的中国青年，这一定是屠守锷院士所乐见的，所希望实现的。

……

值得说明的是，屠守锷院士生前是个极其低调的人，以至于关于他的采访报道并不多。写作本书，我多方搜集资料，了解情况，主要参考了高级工程师贺青老师的《屠守锷院士传记》，以及其他一些关于屠守锷院士的剧目、专访等。在此，深表感谢。屠守锷院士的一生，如一条流向大海的溪流，缓缓潺潺，却包罗万象，容纳百川，最终成为浩瀚江河，汇至大海。由于本人笔力有限，所思所写不及屠守锷院士本人经历之万分之一精彩，所体现之精神也不及航天精神之万分之一博大。虽如此，我亦竭尽全力地去书写，去记录，希望对得起屠守锷院士的一片丹心。

最后，我要感谢青海人民出版社！感谢丛书特邀组稿人徐剑先生让我有机会来书写屠守锷院士的故事和其在创作过程中给予的指导与帮助。就我而言，这是一次文学之旅，也是一次精神之旅。在写作中，我被屠守锷院士的精神所洗礼，所感动，我也尽力将这样一种"感动"融入文字中，希望带给读者以启示，以感动，希望对得起读者的阅读。

逝者已矣，未来可期。愿屠守锷院士的精神与山河同在，守护我们伟大的祖国，守护我们辽阔的土地，促推我国航天事业腾飞，飞向更为广阔的浩瀚宇宙。

2024年2月3日定稿

参考资料

1. 贺青著:《屠守锷院士传记》,中国宇航出版社2020年8月第2次印刷。
2. 湖剧现代戏:《国之守锷》。
3. 王锐涛,黄翔采写:《"两弹一星"元勋屠守锷:潜心为国铸长剑》,央广网,2019年6月15日。